O.W. BARTH

THICH NHAT HANH

Die Lehre des Buddha über die Liebe

Aus dem amerikanischen Englisch
von Karen Siebert und Ursula Richard

O.W. BARTH

Titel der amerikanischen Originalausgabe: »Teachings on Love«,
erschienen 1997 bei Parallax Press, California.

Besuchen Sie uns im Internet:
www.ow-barth.de

Aus Verantwortung für die Umwelt hat sich die
Verlagsgruppe Droemer Knaur zu einer nachhaltigen Buchproduktion
verpflichtet. Der bewusste Umgang mit unseren Ressourcen,
der Schutz unseres Klimas und der Natur gehören zu
unseren obersten Unternehmenszielen.
Gemeinsam mit unseren Partnern und Lieferanten setzen wir uns
für eine klimaneutrale Buchproduktion ein, die den Erwerb von
Klimazertifikaten zur Kompensation des CO_2-Ausstoßes einschließt.
Weitere Informationen finden Sie unter: www.klimaneutralerverlag.de

FSC www.fsc.org MIX Papier aus verantwortungsvollen Quellen FSC® C014496

Neuausgabe Januar 2022
O.W. Barth

Ein Imprint der Verlagsgruppe Droemer Knaur GmbH & Co. KG, München

Covergestaltung: atelier-sanna.com, München
Coverabbildung: atelier-sanna.com
Satz: Adobe InDesign im Verlag
Druck und Bindung: GGP Media GmbH, Pößneck
ISBN 978-3-426-29320-1

2 3 5 4

Inhaltsverzeichnis

Einleitung

Glücklich können wir nur sein, wenn wir auch lieben können. Wahre Liebe vermag die Situation, in der wir leben, zu heilen und zu transformieren, und sie gibt unserem Leben einen tieferen Sinn. Die Lehren des Buddha über die Liebe sind klar, wissenschaftlich fundiert und leicht auf das tägliche Leben anwendbar. Wir alle können von diesen Lehren profitieren.

Als der Sohn des Buddha, Rahula, ein junger Novize war, empfahl der Buddha ihm, sich darin zu üben, wie die Erde mit ihren Meeren und Flüssen zu sein. Ganz gleich, was die Menschen auf die Erde schütten, ob Milch, Blumen oder Kompost, die Erde nimmt alles auf. Warum? Weil die Erde groß und weit ist und die Kraft hat, alles in Erdreich, Pflanzen und Blumen zu verwandeln. Wenn man eine Handvoll Salz in eine Tasse Wasser schüttet, wird das Wasser ungenießbar. Aber wird die gleiche Menge Salz in einen Fluss geschüttet, kann das Wasser von Menschen weiterhin zum Kochen, Waschen und Trinken verwendet werden. Der Fluss enthält so unermesslich viel Wasser, und er vermag alles zu empfangen, zu umarmen und zu verwandeln.

Wenn unser Herz groß und weit ist, können wir wie ein solcher Fluss sein. Ist unser Herz klein und eng, sind auch unser Verstehen und unser Mitgefühl begrenzt, und wir leiden. Wir können andere in ihren Schwächen nicht akzeptieren oder tolerieren, und wir wollen, dass sie sich ändern. Doch hat sich unser Herz geöffnet, leiden wir nicht mehr darunter, wie die anderen sind. Wir haben viel mehr Verständnis und Mitgefühl für sie, können sie so annehmen und umarmen, wie sie sind. Das gibt den anderen die Chance, sich zu verändern. Die große Frage ist also: Wie helfen wir unserem Herz zu wachsen, sich zu öffnen? Durch Übung kann unser Herz unendlich groß werden, so groß wie das Herz des Buddha, imstande, den ganzen Kosmos zu umarmen.

Der französische Schriftsteller Antoine de Saint-Exupéry hat geschrieben, dass Liebe nicht nur bedeute, einander anzuschauen, sondern gemeinsam in dieselbe Richtung zu schauen. Über diese Aussage habe ich oft nachgedacht. Eines Tages stellte ich mir ein Paar vor, das zusammen in die gleiche Richtung schaut. Ich musste lachen, denn in der Richtung, in die sie schauten, stand der Fernseher. Wenn zwei Menschen keine Freude mehr daran finden, einander anzuschauen, und stattdessen dahin schauen, wo es Ablenkung gibt, ist das keine wahre Liebe.

Was bedeutet es also zu lieben? Lieben heißt, einander anzuschauen und gemeinsam in dieselbe Richtung zu blicken. Wenn wir wirklich wissen, wie man schaut, dann ist es wunderbar, sich gegenseitig anzuschauen. Denn wenn man weiß, wie man die andere Person anschaut, und so ihre grundlegende Güte und Schönheit entdeckt, hat man die Chance, diese Qualitäten in sich selbst zu entdecken. Den anderen Menschen anzuschauen heißt auch, sich selbst anzuschauen. So werden wir entdecken können, dass Liebe etwas zutiefst Reales ist; allen von uns wird so die Möglichkeit zuteil, Liebe als etwas zu erfahren, das wirklich existiert. Liebe ist die Energie, die uns hilft, stark zu sein und uns um das Wohlergehen anderer Menschen und anderer Lebewesen zu kümmern.

Weil wir die Kunst des achtsamen Lebens noch nicht kennen, unterlaufen uns in unserem täglichen Leben immer wieder Fehler, und das setzt in uns und den Menschen um uns herum leidvolle Prozesse in Gang. Wir bereiten unseren Familien, Freundinnen und Kollegen Leid, weil wir sie nicht gut genug verstehen und zu ungeduldig mit ihnen sind. Das belastet unsere Beziehungen zunehmend immer mehr, und eines Tages stellen wir fest, dass es gar keine Verständigung zwischen uns mehr gibt, dass die Kommunikation vollkommen blockiert ist.

Wir alle brauchen das Gefühl, geliebt zu werden, und wir alle brauchen das Gefühl zu lieben.

Am Morgen seiner Erleuchtung hat der Buddha erkannt, dass uns allen die Fähigkeit, zu lieben und zu verstehen, innewohnt. Aber oftmals scheinen wir das nicht zu glauben und bereiten uns selbst und anderen weiterhin Leid. Vielleicht haben wir noch nicht ausreichend Zeit gehabt, um tief in die Natur unserer Liebe zu schauen, um uns klar darüber zu werden, worum es in unserer Liebe geht, und um zu verstehen, warum, wenn wir lieben, so oft Leid daraus erwächst.

Im Buddhismus hat die Liebe eine sehr tiefe, sehr klare Bedeutung. In diesem Buch erforsche ich die Elemente wahrer Liebe und beschreibe Übungen, mit denen wir wahre Liebe in uns selbst entwickeln.

Die Vier Unermesslichen Geisteshaltungen

Zu Lebzeiten des Buddha beteten die Menschen brahmanischen Glaubens darum, dass sie in den Himmel gelangten und dort mit Brahma, dem universellen Gott, weilen dürften. Eines Tages fragte ein Brahmane den Buddha: »Was kann ich tun, um sicherzugehen, dass ich nach meinem Tode wirklich mit Brahma vereint sein werde?« Der Buddha antwortete ihm: »Da Brahma die Quelle der Liebe ist, so musst du, um mit ihm vereint zu sein, die *Brahmaviharas*[1] praktizieren – Liebe, Mitgefühl, Freude und Gleichmut.« Ein *vihara* ist eine Unterkunft oder ein Aufenthaltsort. Liebe (liebende Güte) heißt auf Sanskrit *maitri,* auf Pali *metta*. Mitgefühl heißt in beiden Sprachen *karuna*, Freude *mudita*. Gleichmut heißt auf Sanskrit *upeksha* und auf Pali *upekkha*. Die *Brahmaviharas* sind vier Bestandteile wirklicher Liebe. Sie werden »unermesslich« genannt, weil sie mit jedem Tag, den du sie praktizierst, wachsen, bis sie schließlich die ganze Welt umfassen. Du wirst dabei glücklicher, und die Menschen um dich herum werden es auch.

Der Buddha respektierte das Bedürfnis der Menschen, ihren eigenen Glauben zu praktizieren. Deshalb wählte er auf die Frage des Brahmanen eine Antwort, die diesen dazu ermutigte. Wenn du Freude an der Sitzmeditation hast, so übe dich in Sitzmeditation. Magst du Gehmeditation, übe

1 Die *Brahmaviharas* werden traditionell übersetzt mit »Edle Verweilungen« oder »Göttliche Verweilungen«. Thich Nhat Hanh benutzt im Englischen den Begriff »Immeasurable Minds«. Wir haben ihn im Deutschen mit »Unermessliche Geisteshaltungen« wiedergegeben. (Anm. d. Übers.)

dich in Gehmeditation. Aber bleibe bei deinen jüdischen, christlichen oder moslemischen Wurzeln. Auf diese Weise trägst du den Geist Buddhas weiter. Bist du von deinen Wurzeln abgeschnitten, kannst du nicht glücklich sein.

Nagarjuna, der buddhistische Philosoph des 2. Jahrhunderts, sagte Folgendes:

> *Den unermesslichen Geisteszustand der Liebe zu praktizieren beseitigt den Ärger in den Herzen der Lebewesen. Den unermesslichen Geisteszustand des Mitgefühls zu praktizieren beseitigt allen Kummer und alle Angst in den Herzen der Lebewesen. Den unermesslichen Geisteszustand der Freude zu praktizieren beseitigt Traurigkeit und Freudlosigkeit in den Herzen der Lebewesen. Den unermesslichen Geisteszustand des Gleichmuts zu praktizieren beseitigt Hass, Abneigung und Anhaftung in den Herzen der Lebewesen.*[2]

Wenn wir lernen, uns in Liebe, Mitgefühl, Freude und Gleichmut zu üben, werden wir in der Lage sein, die Krankheiten Ärger, Kummer, Unsicherheit, Traurigkeit, Hass, Einsamkeit und unheilsame Anhaftungen zu heilen. Im *Anguttara Nikaya* lehrt der Buddha: »Wenn der Geisteszustand des Ärgers aufkommt, kann der *bikkhu,* der Mönch, die Meditation der Liebe, des Mitgefühls oder des Gleichmuts für die Person üben, durch die der Ärger entstanden ist.«[3]

Einige Kommentatoren der Sutras halten die *Brahmaviharas* nicht für die höchsten Lehren des Buddha, da sie ihrer Meinung nach nicht dazu beitragen, dem Leid und den Verstrickungen ein Ende zu setzen. Das ist nicht richtig.

2 *Mahaprajnaparamita Shastra.* Ein Shastra ist eine Abhandlung oder ein Kommentar zu den Buddhalehren, die ein großer Meister nach der Zeit des Buddha verfasst hat.

3 *Anguttura Nikaya,* V, 161

Einmal sagte der Buddha zu seinem treuen Diener Ananda: »Wenn du die jungen Mönche diese vier unermesslichen Geisteshaltungen lehrst, so werden sie Sicherheit, Stärke und Freude empfinden, ohne jegliche Verstrickung des Körpers und des Geistes. Für ihr gesamtes Leben werden sie ein gutes Rüstzeug besitzen, den reinen Weg der Mönche zu gehen.«[4] Ein andermal besuchte eine Gruppe von Schülern des Buddha das nahe gelegene Kloster einer anderen spirituellen Schule, und die Mönche dort stellten die Frage: »Wir haben gehört, dass euer Lehrer Gautama die vier unermesslichen Geisteshaltungen der Liebe, des Mitgefühls, der Freude und des Gleichmuts lehrt. Auch unser Lehrer lehrt sie. Welches ist dann der Unterschied?« Die Schüler des Buddha wussten darauf keine Antwort. Als sie zu ihrem Kloster zurückkehrten, sagte der Buddha zu ihnen: »Wer die vier unermesslichen Geisteshaltungen zusammen mit den sieben Erleuchtungsfaktoren, den vier edlen Wahrheiten und dem edlen achtfachen Pfad praktiziert, wird tiefe Erleuchtung erfahren.«[5]

Liebe, Mitgefühl, Freude und Gleichmut sind die wahre Natur eines erleuchteten Menschen. Sie sind die vier Aspekte wirklicher Liebe in uns, in den anderen Lebewesen und in allem, was existiert.

Liebe (Maitri)

Der erste Aspekt wirklicher Liebe ist *maitri,* die Absicht und Fähigkeit, Freude und Glück zu schenken. Wollen wir diese Fähigkeit entwickeln, so müssen wir uns darin üben, wirklich tief in alles hineinzuschauen und hineinzuhören, um zu

4 *Madhyama Agama,* Sutra 86, Taisho 26

5 *Tsa A Han (Samyuktagama),* Sutra 744, Taisho 99

erkennen, was wir tun oder lassen sollten, um andere glücklich zu machen.

Wenn du dem Menschen, den du liebst, etwas schenkst, das er nicht gebrauchen kann, so ist das kein Maitri. Du musst seine wirkliche Situation erkennen, sonst macht dein Geschenk ihn eher unglücklich.

In Südostasien lieben die Menschen eine Frucht ganz besonders: Sie ist groß und stachelig und wird Durian genannt. Man könnte sogar sagen, die Menschen seien süchtig danach. Die Frucht hat einen intensiven Geruch, und wenn die Leute sie verzehrt haben, legen sie noch die Schale unters Bett, damit sie sich weiterhin an dem Geruch erfreuen können. Ich hingegen finde den Geruch der Durian sehr unangenehm. Als ich eines Tages allein in einem Tempel in Vietnam in Meditation saß, lag da eine Durian auf dem Altar, als Opfergabe für den Buddha. Ich wollte das *Lotus-Sutra* rezitieren und mich dabei mit einer hölzernen Trommel und einer großen Klangschale begleiten. Es gelang mir jedoch nicht, mich zu konzentrieren. Schließlich nahm ich die Klangschale mit nach vorne zum Altar und stülpte sie über die Durian, sodass sie darin gefangen war. Nun konnte ich endlich das Sutra rezitieren. Nachdem ich es beendet hatte, verbeugte ich mich vor dem Buddha und befreite die Durian. Wenn ihr jetzt zu mir kommen und sagen würdet: »Thây, wir lieben dich so sehr, und wir möchten gern, dass du etwas von dieser Durian isst«, dann wäre das für mich sehr schlimm. Ihr liebt mich, wollt mich glücklich sehen, aber ihr wollt mich zwingen, eine Durian zu essen. Das ist ein Beispiel für Liebe ohne Verstehen. Eure Absicht ist gut, aber ihr habt noch kein richtiges Verständnis.

Ohne Verständnis ist eure Liebe keine wirkliche Liebe. Ihr müsst sehr tief schauen, um die Bedürfnisse, Hoffnungen und das Leid der Menschen zu erkennen und zu verstehen. Wir alle brauchen Liebe. Liebe bringt uns Freude und ein Wohlgefühl. Sie ist so natürlich wie die Luft. Wir werden von der Luft geliebt; frische Luft brauchen wir, um uns glücklich und wohl zu fühlen. Die Bäume lieben uns. Sie brauchen wir, um gesund zu sein. Um geliebt zu werden, müssen wir selbst lieben, und das bedeutet, wir müssen verstehen. Damit unsere Liebe weiterfließen kann, müssen wir lernen, in jeweils angemessener Weise zu handeln oder nicht zu handeln, um die Luft, die Erde, die Bäume und die Menschen, die wir lieben, zu beschützen.

Maitri kann übersetzt werden mit »Liebe« oder mit »Liebende Güte«. Manche Lehrenden bevorzugen den Begriff »Liebende Güte«, denn sie empfinden das Wort »Liebe« als zu verfänglich. Ich hingegen ziehe den Ausdruck »Liebe« vor. Manchmal werden Wörter richtiggehend krank, und dann müssen wir sie heilen. Das Wort Liebe benutzen wir zumeist im Sinne von Appetit oder Verlangen, so sagen wir zum Beispiel: »Ich liebe Hamburger.« Sprache sollten wir mit mehr Vorsicht und Sorgfalt benutzen. Die Bedeutung des Wortes Liebe müssen wir wiederherstellen, denn Liebe ist ein sehr schönes Wort. Der Ausdruck *maitri* hat seine Wurzel im Wort *mitra,* was Freund bedeutet. Im Buddhismus ist Freundschaft die ursprüngliche Bedeutung von Liebe.

Alle tragen wir die Samen der Liebe in uns. Diese wundervolle Energiequelle können wir entwickeln, indem wir *die* Liebe in uns nähren, die nicht an Bedingungen geknüpft ist, die keinerlei Gegenleistung verlangt. Wenn wir für jemanden tiefes Verständnis entwickeln, und sei es für einen Menschen, der uns Schlimmes angetan hat, dann können wir gar nicht anders, als ihn zu lieben. Der Buddha Shakyamuni hat verkündet, dass der zukünftige Buddha Maitreya heißen wird, Buddha der Liebe.

Mitgefühl (Karuna)

Der zweite Aspekt wirklicher Liebe ist *karuna,* die Absicht und die Fähigkeit, Leid von jemandem zu nehmen und zu transformieren und Kummer zu lindern. Karuna wird häufig mit »Mitleid« (»compassion«) übersetzt, aber das ist nicht richtig, ist ungenau. »Mitleid« setzt sich zusammen aus »mit« (zusammen mit) und »leiden«. Wir brauchen aber nicht zu leiden, um einen anderen Menschen von seinem Leid zu befreien. Ärztinnen können beispielsweise das Leiden ihrer Patienten lindern, ohne selbst die jeweilige Krankheit zu erleiden. Wenn wir zu sehr leiden, sind wir viel zu mitgenommen, um noch jemandem helfen zu können. So sollten wir eher das Wort »Mitgefühl« benutzen, um Karuna zu übersetzen.

Um Mitgefühl in uns zu entwickeln, müssen wir achtsames Atmen praktizieren, aufmerksames Zuhören und tiefes Schauen. Das *Lotus-Sutra* beschreibt Avalokiteshvara als Bodhisattva, der oder die »mit den Augen des Mitgefühls schaut und mit aller Aufmerksamkeit auf die Schreie der Welt hört«. Mitgefühl beinhaltet ein tiefes Sich-betroffen-Fühlen, bedeutet engagiert sein. Wenn du weißt, dass die andere Person leidet, so setzt du dich ganz nahe zu ihr. Du schaust sie intensiv an und hörst ihr zu, damit du ihr Leid berühren kannst. Du befindest dich in tiefer Kommunikation, tiefer Verbindung mit ihr, und allein das bringt ihr schon Erleichterung.

Ein Wort, eine Handlung, ein Gedanke allein kann schon ausreichen, um das Leid eines Menschen zu lindern und ihm Freude zu bereiten. Ein Wort kann Trost und Vertrauen schenken, Zweifel zerstreuen, jemandem helfen, einen Fehler zu vermeiden, kann einen Konflikt beilegen oder das Tor zur Befreiung öffnen. Eine Handlung vermag das Leben eines Menschen zu retten oder ihm dabei zu helfen, eine einzigartige Chance wahrzunehmen. Das Gleiche kann ein Gedanke bewirken, denn Gedanken führen stets zu Worten und Handlungen. Haben wir Mitgefühl im Herzen, so kann jeder Gedanke von uns, jedes Wort und jede Tat ein Wunder vollbringen.

Als Novize konnte ich nicht verstehen, weshalb der Buddha so ein wundervolles Lächeln zeigt, wo die Welt doch voller Leiden ist. Weshalb macht ihm all das Leiden nichts aus? Erst später fand ich heraus, dass der Buddha so viel Verstehen, Ruhe und Stärke besitzt, dass ihn das Leiden nicht überwältigt. So ist er in der Lage, dem Leiden zuzulächeln, denn er weiß, wie er damit umgehen muss und wie er es verwandeln kann. Wir müssen das Leiden erkennen, aber wir müssen dabei auch unsere Klarheit, Ruhe und Stärke behalten, damit wir die Situation verändern können. Ist Mitgefühl vorhanden, so brauchen wir nicht im Ozean der Tränen zu versinken. Diese Haltung erlaubt dem Buddha, solch ein Lächeln zu zeigen.

Freude

Das dritte Element wirklicher Liebe ist *mudita,* Freude. Wirkliche Liebe bringt stets uns und denen, die wir lieben, Freude. Tut sie das nicht, so ist es keine wirkliche Liebe.

Einige Kommentatoren haben erklärt, dass Glück sich stets auf Körper *und* Geist bezieht, Freude aber vornehmlich auf den Geist, und sie haben diese Unterscheidung mit folgendem Beispiel illustriert: Ein Mensch, der durch die Wüste reist, entdeckt einen Fluss mit klarem Wasser und empfindet Freude darüber. Wenn er das Wasser trinkt, empfindet er Glück. *Ditthadhamma sukhavihari* bedeutet »glücklich im gegenwärtigen Moment verweilen«. Wir eilen nicht in die Zukunft, wissen wir doch, dass alles hier im gegenwärtigen Moment vorhanden ist. Viele kleine Dinge können uns unglaubliche Freude bereiten, so die Feststellung, dass wir Augen haben, die gut funktionieren. Wir brauchen bloß die Augen zu öffnen, und wir sehen den blauen Himmel, die lila Blumen, die Kinder, die Bäume und noch viele andere Formen und Farben. Wenn wir in Achtsamkeit verweilen, können wir diese wundervollen und beglückenden Dinge berühren, und der Geist der Freude steigt ganz natürlich in uns auf. Freude enthält Glück, und Glück enthält Freude.

Es gibt Kommentatoren, die sagen, dass Mudita »mitfühlende Freude« oder »altruistische Freude« bedeute, das Glück also, das wir fühlen, wenn andere glücklich sind. Aber das ist eine zu enge Betrachtungsweise, denn sie unterscheidet zwischen uns und anderen. Eine tiefer gehende Definition von Mudita ist Freude, die Frieden und Zufriedenheit beinhaltet. Wir freuen uns, wenn wir andere glücklich sehen, aber unser eigenes Wohlergehen schätzen wir auch. Wie können wir denn Freude für jemand anderes empfinden, wenn wir keine Freude uns selbst gegenüber empfinden? Freude ist für alle da.

Gleichmut (Upeksha)

Das vierte Element wirklicher Liebe ist *upeksha,* was Gleichmut, Nicht-Anhaften, Nicht-Unterscheiden, Ausgeglichenheit im Geiste oder Loslassen bedeutet. *Upa* heißt »über«, und *iksh* heißt »schauen«. Du kletterst auf einen Berg, um dir eine Übersicht über die gesamte Situation zu verschaffen, ohne an die eine oder andere Seite gebunden zu sein. Wenn es in deiner Liebe Anhaftung, Unterscheidung, Voreingenommenheit oder Festklammern gibt, so ist das keine wirkliche Liebe. Menschen, die den Buddhismus nicht verstehen, glauben manchmal, Upeksha bedeute Gleichgültigkeit, aber wirklicher Gleichmut ist weder kalt noch gleichgültig. Du hast nicht nur *ein* Kind, sondern alle sind deine Kinder. Upeksha bedeutet nicht, dass du nicht liebst. Vielmehr liebst du auf eine Weise, dass alle deine Kinder deine Liebe spüren, du liebst, ohne Unterschiede zu machen.

Upeksha beinhaltet auch den Aspekt von *samatajnana,* der »Weisheit der Gleichheit«, die Fähigkeit also, alle als gleichwertig zu erkennen, nicht zu unterscheiden zwischen uns und anderen. In einem Konflikt bleiben wir, selbst bei großer Betroffenheit, unparteiisch, sind in der Lage, beide Seiten zu lieben und zu verstehen. Wir werfen alle Unterscheidung und alle Voreingenommenheit ab, beseitigen die Trennlinien zwischen uns und anderen. Solange wir nämlich uns als die Liebenden und die anderen als die, die geliebt werden, betrachten, solange wir uns selbst höher schätzen als die anderen oder uns als von ihnen verschieden sehen, so lange besitzen wir keinen wirklichen Gleichmut. Wir müssen »in die Haut der anderen schlüpfen«, eins werden mit ihnen, wenn wir sie wirklich lieben und verstehen wollen. Geschieht dies, so gibt es kein »ich« und »andere«.

Ohne Gleichmut kann unsere Liebe leicht besitzergreifend werden. Eine Sommerbrise kann sehr erfrischend sein; wollen wir sie aber in einer Dose verschließen, um sie ganz allein zu besitzen, so stirbt die Brise. Mit dem geliebten Menschen ist es genauso. Er ist wie eine Wolke, eine Brise, eine Blume. Stecken wir ihn in eine Konservendose, so stirbt er. Dennoch tun viele Menschen genau das. Sie berauben ihren geliebten Partner der Freiheit, bis er nicht mehr er selbst sein kann. Sie leben nur, um sich selbst Befriedigung zu verschaffen, und dabei benutzen sie den anderen zur Erfüllung ihrer Wünsche. Das ist keine Liebe – das ist zerstörerisch. Du sagst, du liebst den anderen Menschen, aber wenn du seine Hoffnungen, seine Bedürfnisse und Schwierigkeiten nicht verstehst, so befindet er sich in einem Gefängnis, Liebe genannt. Wirkliche Liebe ermöglicht dir, deine Freiheit *und* die des geliebten Menschen zu bewahren. Das ist Upeksha.

Wenn es sich um wirkliche Liebe handeln soll, so muss sie Mitgefühl, Freude und Gleichmut beinhalten. Wahres Mitgefühl trägt Liebe, Freude und Gleichmut in sich. Wirkliche Freude beinhaltet Liebe, Mitgefühl und Gleichmut. Und wirklicher Gleichmut trägt Liebe, Mitgefühl und Freude in sich. Das ist die Natur des Ineinander-verwoben-Seins der vier unermesslichen Geisteshaltungen. Als der Buddha den Brahmanen aufforderte, die vier unermesslichen Geisteshaltungen zu praktizieren, schenkte er uns allen damit eine sehr wertvolle Lehre. Wir müssen sie jedoch tiefgehend betrachten und sie praktizieren, damit wir diese vier Aspekte in unser Leben und das derjenigen, die wir lieben, einbeziehen können.

Liebesmeditation

Im Laufe seines Lebens hat der Buddha viele Meditationen über die Liebe entwickelt. Eines Tages erzählte ihm eine Gruppe von Mönchen, dass die Geister, die im Wald in der Nähe ihres Klosters lebten, andere quälten und ihnen Leid bereiteten. Der Buddha erwiderte, dass diese Geister sich so verhielten, weil sie selbst litten, und er lehrte das *Metta Sutta*[6], die Rede über die Liebe:

Wer Frieden erlangen möchte, sei aufrichtig und bescheiden, sei fähig zu liebevollem Sprechen. Er oder sie wird wissen, wie man einfach und glücklich leben kann – mit ruhigen Sinnen, ohne Habsucht und unbeeinflusst von den Gefühlen der Mehrheit. Nichts sollte eine solche Person tun, das von den Weisen missbilligt werden könnte.

(Und dies wird sie sich stets vergegenwärtigen:)

Mögen alle Wesen glücklich und wohlbehalten sein, und mögen ihre Herzen von Freude erfüllt sein. Mögen sie alle in Sicherheit und Frieden leben – ob sie nun schwach sind oder stark, lang oder kurz, groß oder klein, sichtbar oder unsichtbar, nah oder fern, bereits geboren oder noch nicht geboren. Mögen sie alle in vollkommener Gelassenheit weilen.
Kein Wesen verletze je ein anderes, noch gefährde es das Leben eines anderen; kein Wesen wünsche einem anderen aus Ärger oder Übelwollen je Kummer oder Leid.

6 *Suttanipatta* 1

Genau so, wie eine Mutter ihr einziges Kind liebt und unter Einsatz ihres Lebens schützt, sollten auch wir grenzenlose, allumfassende Liebe für alle Lebewesen entwickeln, wo immer sie sich auch befinden mögen. Unsere grenzenlose Liebe sollte das ganze Universum durchdringen, nach oben, nach unten und überallhin. Unsere Liebe wird keine Hindernisse kennen, und unsere Herzen werden vollkommen frei von Hass und Feindseligkeit sein. Ob wir stehen oder gehen, sitzen oder liegen – solange wir wach sind, sollten wir diese liebende Achtsamkeit in unseren Herzen bewahren. Das ist die vornehmste Lebensweise. Frei von falschen Ansichten, von Gier und sinnlichem Verlangen sind die, die grenzenlose Liebe praktizieren; sie leben in Schönheit, verwirklichen vollkommenes Verstehen und werden mit Gewissheit über Geburt und Tod hinausgelangen.

Nachdem die Mönche einige Monate das *Metta Sutta* rezitiert und praktiziert hatten, verstanden sie schließlich das Leiden der armen Geister. Die Folge war, dass auch die Geister zu praktizieren begannen. Die Energie der Liebe erfüllte sie, und der ganze Wald war erfüllt von Frieden.

Der Buddha bot seinen Schülern viele besondere Übungen an, um ihnen in ihrer Praxis und in ihrer Verwirklichung der vier unermesslichen Geisteshaltungen zu helfen:

Wenn dein Herz von Liebe erfüllt ist, dann sende sie in eine Richtung, danach in eine andere, in eine dritte, dann in eine vierte, schließlich nach oben und nach unten. Identifiziere dich mit allen und allem, ohne Hass, Ablehnung, Ärger oder Feindseligkeit. Dieser Geist der Liebe ist weit offen. Er wächst ins Unermessliche und vermag es schließlich, die ganze Welt zu umarmen. Auf gleiche Weise praktiziere, wenn dein Geist erfüllt ist von Mitgefühl, dann von Freude und schließlich von Gleichmut.[7]

Ist sein Geist erfüllt von Liebe, schickt der Mönch sie in eine Richtung, danach in eine zweite, eine dritte und eine vierte, nach oben und nach unten und rings um sich herum. Überall identifiziert er sich mit allen und allem. Er durchdringt die ganze Welt mit seinem Geist voller Liebe, einem Geist, der in die Weite reicht, der entwickelt ist sowie ungebunden und frei von Hass und Übelwollen. So verfährt er auch mit seinem Geist, der erfüllt ist von Mitgefühl, Freude und Gleichmut.[8]

Wenn die Energie der Liebe stark ist in uns, können wir sie unzähligen Wesen in allen Richtungen zukommen lassen. Dabei müssen wir jedoch aufpassen, dass wir die Liebesmeditation nicht lediglich als bloße Vorstellung verstehen – wir stellen uns unsere Liebe als Wellen von Klang oder Licht vor oder als eine reine, weiße Wolke, die sich langsam formt und ausdehnt, bis sie die ganze Welt umhüllt. Eine wirkliche Wolke erzeugt Regen. Klang und Licht durchdringen alles, und genauso muss es unsere Liebe tun. Wir müssen beobachten, ob unser Geist der Liebe mitten im Alltag, in unserem Kontakt mit anderen wirklich da ist. Ist er gegenwärtig, so zeigt sich das an der Art, wie wir reden und handeln. Liebesmeditation im Sitzen zu praktizieren ist nur der Anfang.

Es ist allerdings ein wichtiger Anfang. Still sitzen wir da und schauen tief in uns hinein. Während wir praktizieren, wird unsere Liebe ganz natürlich anwachsen, wird schließlich allumfassend, schließt alles in ihre Arme. Indem wir

7 *Madhyama Agama*, Sutra 86, Taisho

8 *Subha Sutta, Majjhima Nikaya*, Sutra 99

lernen, mit den Augen der Liebe zu sehen, leeren wir unseren Geist von Ärger und Hass. Solange sich diese negativen Geistesformationen oder geistigen Gebilde noch in uns befinden, ist unsere Liebe unvollkommen. Wir denken vielleicht, wir verstehen und akzeptieren andere, aber in Wirklichkeit sind wir dazu noch keineswegs in der Lage. Nagarjuna sagt: »Immer, wenn ihr die unermessliche Geisteshaltung der Liebe praktiziert, müsst ihr tief in die Dinge hineinschauen und euch mit eurem Ärger und Hass konfrontieren.«[9]

In seiner Einführung zu Nagarjunas *Mahaprajnaparamita Shastra* schrieb Étienne Lamotte, der Übersetzer: »Die vier unermesslichen Geisteshaltungen sind nur ein platonisches Ideal« – also reine Vorstellungen und nicht etwas, das man realisieren kann. Professor Lamotte war gewiss ein ausgezeichneter Übersetzer, aber er war mit buddhistischer Praxis nicht sehr vertraut. In dem Augenblick, in dem wir in uns den Wunsch erstehen lassen, dass alle Wesen glücklich und in Frieden leben mögen, bildet sich in unserem Geist die Energie der Liebe. Geschieht dies, so werden all unsere Gefühle, Vorstellungen, geistigen Formationen und unser Bewusstsein von Liebe durchdrungen, und tatsächlich *werden* sie Liebe. Das ist nicht bloß ein »Ideal«.

Nagarjuna spricht dies direkt an:

> *Wenn wir möchten, dass die Wesen aller Richtungen glücklich sind, so entsteht in uns das Bedürfnis, die Absicht, zu lieben. Dieser Wunsch, zu lieben, dringt in unsere Gefühle, Vorstellungen, Geistesformationen und unser Bewusstsein; er manifestiert sich schließlich in all unseren Handlungen, unserer Rede und unseren anderen geistigen Aktivitäten. Die Dinge, die sodann entstehen und weder geistiger noch*

9 *Mahaprajnaparamita Shastra*

körperlicher Natur sind, stehen in Einklang mit der Liebe und können selbst Liebe genannt werden, da Liebe ihre Wurzel ist. Solche Ereignisse bestimmen unsere späteren Handlungen, und sie werden von unserem Willen gesteuert, der nun verschmolzen ist mit der Liebe. Der Wille ist die Energie, die unser Tun und Reden lenkt. Das Gleiche gilt für das Entstehen von Mitgefühl, Freude und Gleichmut.[10]

Achtsamkeit ist die Energie, die uns erlaubt, tief in unseren Körper, unsere Gefühle, Vorstellungen, unsere Geistesformationen und unser Bewusstsein hineinzuschauen und unsere wahren Bedürfnisse klar zu erkennen. Dann versinken wir nicht im Meer des Leidens. Schließlich erfüllt Liebe unseren Geist und unseren Willen[11], und von da an manifestieren sich all unsere Handlungen als Liebe. So sprechen wir nur liebende und aufbauende Worte, und wir handeln nur in einer Weise, die Glück bringt und Leiden beseitigt. Rede und Handlungsweise sind die Früchte des Willens; also werden, wenn unser Wille durchdrungen ist von Liebe, unsere Rede und unsere Handlungen ebenfalls von Liebe durchdrungen sein.

In einer anderen Passage des *Mahaprajnaparamita Shastra* sagt Nagarjuna allerdings, dass die vier unermesslichen Geisteshaltungen lediglich ein Bestreben, ein Trach-

10 *Mahaprajnaparamita Shastra*
Wie der Buddha sagt, besteht ein menschliches Wesen aus den fünf *skandhas* (Elementen, Anhäufungen, Aggregatzuständen): Form, Gefühle, Vorstellungen, Geistesformationen (geistige Gebilde) und Bewusstsein. Zur ausführlichen Praxis der Liebesmeditation zu jedem der fünf Skandhas siehe das Kapitel *Liebe zu sich selbst*. »Ereignisse«, die weder geistiger noch körperlicher Natur sind, beziehen sich auf unseren Geist und unsere Geistesobjekte. Zu ihnen werden gezählt: Verlust, Gewinn, Geburt, Tod, Grammatik, Literatur, Zeit, Raum, Vereinigung, Trennung, Vergänglichkeit, Quantität, Dinge als ähnlich oder unähnlich betrachten usw.

11 Wille, Willenskraft oder Absicht heißt auf Sanskrit *chetana*.

ten, seien und nur in unserem Geist existierten. Dies entspricht Professor Lamottes platonischen Idealen. So hat Nagarjuna Professor Lamotte die Worte quasi bereits in den Mund gelegt! Wir müssen uns in diesem Zusammenhang aber vergegenwärtigen, dass Nagarjuna die Sichtweise des sich entwickelnden Mahayana-Buddhismus populär machen wollte, als er schrieb: »Die Anhänger des Hinayana praktizieren die vier unermesslichen Geisteshaltungen, aber was sie praktizieren, existiert nur in der Form eines Bestrebens, einer Bemühung. Die unermesslichen Geisteshaltungen werden aber erst, wenn sie mit den Paramitas des Mahayana verbunden werden, zu den unermesslichen Geisteshaltungen der Bodhisattvas, die die Welt verwandeln können.«

In seinem Bemühen, dem Mahayana Geltung zu verschaffen, irrte Nagarjuna mit der Behauptung, die vier unermesslichen Geisteshaltungen im Hinayana seien rein innerlich und würden sich nicht im Außen manifestieren. Damit widerspricht er aber auch dem, was er zuvor gesagt hatte, nämlich, dass, wenn der Geist der Liebe aufsteige, er sich in unseren Worten und Taten manifestiere. Es ist nicht korrekt zu sagen, Liebe, Mitgefühl, Freude und Gleichmut seien lediglich etwas Erstrebenswertes und existierten nur in unserem Geist. Wir praktizieren nicht nur, um die vier unermesslichen Geisteshaltungen in unserem Geist entstehen zu lassen, sondern um sie auch in unsere Worte und Taten einfließen zu lassen.

Wenn wir die Liebesmeditation praktizieren, stellen wir uns nicht nur einfach vor, wie unsere Liebe sich in den Raum hinein ausbreitet. Tatsächlich berühren wir die tiefen Quellen der Liebe, die sich bereits in uns befinden. Dann zeigen und teilen wir mitten im realen Alltag im Umgang mit anderen unsere Liebe. Wir praktizieren das so lange, bis wir die konkreten Auswirkungen unserer Liebe auf andere Wesen erkennen, bis wir in der Lage sind, selbst denen Frieden und Liebe zu schenken, die sich in eigentlich unliebenswerter Weise verhalten.

Nach Buddhaghosa, dem Autor des *Pfad der Reinigung (Visuddhimagga)*, können wir, wenn unsere Meditation beginnt Früchte zu tragen, diese Zeichen eines liebenden Geistes in uns selbst wahrnehmen: 1. Unser Schlaf ist entspannter. 2. Wir haben keine Albträume. 3. Beim Aufwachen sind wir gelöster. 4. Wir sind weder ängstlich noch niedergedrückt. 5. Wir werden von allen und allem um uns herum geliebt und beschützt.

Im *Anguttara Nikaya* nennt der Buddha elf Vorteile, die die Praxis der Liebesmeditation mit sich bringt. Er spricht von Vorteilen und Nachteilen, weil dies die Menschen zur Praxis ermutigt.

1. Praktizierende können gut schlafen.
2. Beim Aufwachen ist ihnen leicht ums Herz.
3. Sie haben keine bösen Träume.
4. Wer praktiziert, ist bei vielen Menschen beliebt. Er oder sie kommt mit allen gut zurecht. Andere, vor allem Kinder, sind gern in der Nähe eines solchen Menschen.
5. Wer praktiziert, wird von den anderen nicht-menschlichen Lebewesen geschätzt: den Vögeln, Fischen, Elefanten, Eichhörnchen. Sichtbare und unsichtbare Wesen sind gern in der Nähe von Praktizierenden.
6. Praktizierende werden von Devas beschützt.
7. Sie werden vom Feuer, Gift und dem Schwert verschont, ohne diese aktiv meiden zu müssen.
8. Praktizierende erreichen leicht meditative Sammlung.
9. Sie haben strahlende, klare Gesichtszüge.
10. Sie gehen mit klarem Geist in die Stunde des Todes.
11. Sie werden im Brahma-Himmel wiedergeboren. Dort

können sie mit der Praxis fortfahren, denn es gibt dort bereits eine Sangha, die die vier unermesslichen Geisteshaltungen praktiziert.

Im *Itivuttaka* sagt der Buddha: Zählten wir all unsere tugendhaften Taten zusammen, die wir auf der Welt vollbracht haben, dann kommen sie nicht der tugendhaften Tat gleich, Liebesmeditation zu praktizieren. Meditationszentren aufbauen, Altarbilder anfertigen lassen, Glocken gießen, Sozialarbeit – all dies macht nur ein Sechzehntel des Verdienstes aus, das wir mit Liebesmeditation erringen. Sammeln wir alles Sternenlicht, so reicht es nicht an das Licht des Mondes heran. Genauso ist Liebesmeditation zu praktizieren großartiger als alle anderen verdienstvollen Taten zusammen.

Liebesmeditation ist in gewisser Weise so, als würden wir tief im Boden graben, bis wir an reines Wasser gelangen. Tief schauen wir in uns hinein, bis Einsicht entsteht, und dann fließt unsere Liebe an die Oberfläche wie das reinste Wasser. Unsere Augen strahlen Freude und Glück aus, und jeder Mensch in unserer Umgebung kommt in den Genuss unseres Lächelns, unserer Gegenwart.

Im *Anguttara Nikaya* wird in dem Kapitel über die *Eine Sache* gesagt: Wenn ein Mönch auch nur für die Zeitdauer eines Fingerschnipsens den Geist der Liebe in sich erstehen lässt, dann ist er es wert, ein Mönch zu sein. »Dieser Mönch wird die meditative Sammlung nicht verfehlen. Er ist fähig, die Lehren zu verwirklichen, die ihm die Lehrer des Pfades geben; und das Essen, das man ihm als Almosen anbietet, ist nicht vergeudet. Wenn dieser Mönch nun jeden Tag im Geist der Liebe praktiziert, kann es da überhaupt ein größeres Verdienst geben?« Dies sind die Worte des Buddha.

Wenn Praktizierende des Mahayana-Buddhismus behaupten: »Hinayana-Buddhisten kümmern sich nicht um andere Menschen, sie sorgen nur für sich selbst, sie befinden sich in einem niedrigeren (minderwertigen) Fahrzeug«, so erkennen sie einfach nicht, dass gut für sich selbst zu sorgen bedeutet, auch anderen zu helfen. Du hörst auf, eine Quelle des Leidens in der Welt zu sein, und du wirst zu einer Ressource der Freude und Erquickung. Überall gibt es Menschen, die wissen, wie man gut für sich selbst sorgt, die freudvoll und glücklich leben. Sie sind unsere kraftvollste Unterstützung. Alles, was sie tun, tun sie für alle anderen mit. Das aber ist die Bedeutung des Mahayana-Buddhismus. Das ist Liebesmeditation.

Wahrhaftige Liebe

Wahrhaftige Liebe beinhaltet Respekt. In der vietnamesischen Tradition respektieren Ehemann und Ehefrau einander wie willkommene Gäste. Wenn du in dieser Weise praktizierst, wird deine Liebe für lange Zeit anhalten. Im Vietnamesischen bedeuten die Wörter *tinh* und *nghia* beide Liebe. Tinh beinhaltet viel Leidenschaft. Nghia ist ruhiger, voller Verständnis und Vertrauen. Diese Art der Liebe ist nicht so leidenschaftlich, aber sie ist tiefer und beständiger. Du bist eher bereit, etwas zu opfern, um die andere Person glücklich zu machen. Nghia ist das Ergebnis einer langen Zeit gemeinsam geteilter Schwierigkeiten und Freuden.

Meist beginnt die Liebe mit der Leidenschaft, aber im Laufe des gemeinsamen Lebens lernst du, mit Schwierigkeiten umzugehen, und deine Liebe wird tiefer. Die Leidenschaft lässt nach, aber Nghia wächst ständig an. Du verstehst den anderen Menschen besser, und du empfindest große Dankbarkeit: »Ich danke dir dafür, dass du mein Mann, meine Frau bist, dass du mich als deinen Gefährten, deine Gefährtin gewählt hast, um mit mir deine besten Qualitäten und auch dein Leiden gemeinsam zu teilen. Immer wenn ich Probleme hatte und nachts noch wach lag, hast du dich um mich gekümmert. Du hast mir gezeigt, dass mein Wohlergehen auch dein Wohlergehen ist. Du hast alles Menschenmögliche versucht, damit es mir wieder gut geht. Dafür empfinde ich tiefe Dankbarkeit.«

Wenn ein Paar für lange Zeit zusammenbleibt, dann haben sie es Nghia zu verdanken. Nghia ist die Art von Liebe, die wir wirklich für unsere Familie und für unsere Gesellschaft brauchen. Ist sie vorhanden, so kannst du sicher sein, dass der andere Mensch dich wirklich liebt und für dich Sorge trägt, »bis dein Haar weiß wird und dir die Zähne ausfallen«. Nghia wird von euch beiden in eurem täglichen Miteinander aufgebaut.

Schau ganz tief in deine Liebe hinein und erkenne, welche Elemente sich in ihr befinden. Man kann nicht sagen, dass Liebe 100 Prozent Tinh oder 100 Prozent Nghia sei. Beide Elemente sind in ihr enthalten. Schau dem Menschen, den du liebst, in die Augen und frage ihn ganz eindringlich: »Wer bist du, mein Liebes, wer ist dieser Mensch, der mein Leiden als sein Leiden angenommen hat, mein Glück als sein Glück, mein Leben und meinen Tod als sein Leben und seinen Tod? Wer bist du, dessen Selbst zu meinem Selbst geworden ist? Warum bist du nicht ein Tautropfen, ein Schmetterling, ein Vogel, eine Kiefer?« Frage dies mit deinem ganzen Körper und Geist. Später wirst du der Person, die dir größtes Leiden bereitet, dieselbe Frage stellen müssen: »Wer bist du, die du mir solch eine Qual bereitest, eine Qual, die bewirkt, dass ich so viel Wut und Hass empfinde?« Um zu verstehen, musst du eins werden mit dem Menschen, den du liebst, und auch eins werden mit dem, den du hasst. Du musst dir Sorgen über das machen, worüber sie sich Sorgen machen, du musst ihr Leid erleiden und dich freuen an dem, woran sie sich freuen. Du und die andere Person, ihr könnt gar nicht zwei sein. Du bist genauso sehr sie, wie du du bist.

Fahre mit dieser Betrachtung fort, bis du dich selbst als die grausamste Person auf Erden siehst, bis du dich im hungernden Kind erkennst und im politischen Gefangenen. Praktiziere so lange, bis du dich in jedem Menschen, jedem Wesen an der Straßenecke wiedererkennst, im Supermarkt, im Konzentrationslager, auf einem Blatt, in einem Tautropfen. Meditiere so lange, bis du dich als ein winziges Staubteilchen einer entfernten Milchstraße siehst. Schau und höre mit deinem ganzen Sein. Wenn du vollkommen gegenwärtig bist, wird der Regen des Dharma die tiefstgelegenen Samen deines Speicherbewusstseins wässern. Morgen, während du das Geschirr abwäschst oder den blauen Himmel betrachtest, wird ein solcher Same emporsprießen, und Liebe und Verstehen werden sich als wunderschöne Blume entfalten.

Indem du Fels warst, Gas, Dunst und Geist warst,
als Sternennebel mit Lichtgeschwindigkeit
zwischen den Galaxien gereist bist,
bist du nun hierher gelangt, mein geliebter Freund.
Und deine blauen Augen leuchten so schön, so tief.
Du hast dich auf den Pfad begeben, dessen Spur
bereits vor dir liegt
seit dem Nicht-Beginn und dem Niemals-Enden.
Du sagst, auf deinem Weg hierher
seist du durch viele Millionen
von Geburten und Toden gegangen.
Unzählige Male seist du verwandelt worden
in Feuerstürme im Weltenraum.
Deinen eigenen Körper hast du benutzt,
um das Alter von Bergen und Flüssen zu messen.
Du hast dich manifestiert
als Bäume, Gras, Schmetterlinge, Einzeller
und als Chrysanthemen.
Aber die Augen, mit denen du mich heute Morgen
anschaust,
sagen mir, dass du nie gestorben bist.
Dein Lächeln lädt mich ein zu dem Spiel,
dessen Anfang niemand kennt,
dem Versteckspiel.
Oh du grüne Raupe, feierlich setzt du deinen ganzen
Körper ein,

um die Länge des Rosenzweigs zu ermessen,
der hier im letzten Sommer wuchs.
Alle sagen, dass du, meine geliebte Freundin,
erst in diesem Frühjahr geboren seist.
Sag mir, wie lange bist du schon hier?
Warum auf den Augenblick warten, an dem du dich mir offenbarst,
du, der du jenes Lächeln an dir hast,
das so still ist und so tief?
Oh Raupe, Sonnen, Monde und Sterne, strömt hinaus,
wann immer ich ausatme.
Wer weiß, dass das unendlich Große zu finden ist
in deinem winzigen Körper?
Tausende von Buddhafeldern befinden sich
an jedem Punkt deines Körpers.
Mit jeder Dehnung deines Körpers misst du die Zeit
vom Nicht-Beginn bis zum Niemals-Enden.
Der große Bettelmönch von damals ist noch dort auf dem Geiergipfel
und betrachtet die ewig leuchtende Sonne.
Gautama, wie seltsam!
Wer sagte, dass die Udumbara-Blume
nur einmal in 3000 Jahren erblüht?
Der Klang der steigenden Flut – du musst ihn einfach hören,
wenn du ein aufmerksames Ohr dafür hast.[12]

Wenn du jemanden wahrhaftig liebst, so solltest du wirklich für diesen Menschen da sein. Ein zehnjähriger Junge, den ich kenne, erwiderte auf die Frage seines Vaters, was er sich

12 Dieses Gedicht schrieb ich vor vielen Jahren. Der »große Bettelmönch« ist der Buddha Shakyamuni. Joanna Macy bezeichnete es als Liebesgedicht.

zum Geburtstag wünsche: »Papi, ich möchte dich!« Sein Vater hatte einfach zu viel zu tun. Ihm blieb keine Zeit für seine Familie. Seinem Sohn war bewusst, dass das größte Geschenk, das sein Vater ihm machen könnte, seine wirkliche Anwesenheit wäre.

Wenn du ganz gesammelt bist, Geist und Körper eins sind, dann kann alles, was du sagst, ein Mantra sein. Es muss keineswegs auf Sanskrit gesprochen werden. Es kann durchaus in deiner eigenen Sprache gesagt werden: »Liebling, ich bin für dich da.« Wenn du ganz präsent bist, dann bewirkt dieses Mantra ein Wunder. Du wirst ganz wirklich, der Mensch, zu dem du es sagst, wird ganz wirklich, und das Leben wird in diesem Augenblick ganz wirklich. Du schenkst dir und der anderen Person Glück. Dies ist das größte Geschenk, das du einem Menschen, den du liebst, geben kannst. Lieben bedeutet, für sie, für ihn, für die anderen da sein.

»Ich weiß, du bist da, und das macht mich sehr glücklich«, ist ein weiteres Mantra. Wenn ich ganz aufmerksam den Mond betrachte, dann atme ich tief ein und aus und sage: »Lieber Vollmond, ich weiß, du bist da, und das macht mich glücklich.« Dies tue ich auch, wenn der Morgenstern aufgeht. 1995 spazierte ich in Korea unter Magnolienbäumen im Frühling; ich betrachtete die zauberhaften Magnolienblüten und sprach: »Ich weiß, ihr seid da, und das macht mich glücklich.« Wirklich anwesend, präsent zu sein und zu wissen, dass der oder die andere auch da ist, das ist ein Wunder. Wann immer du ganz anwesend bist, bist du auch in der Lage, zu erkennen und dich darüber zu freuen, dass die anderen anwesend sind – der Vollmond, der Morgenstern, die Magnolienblüten, der Mensch, den du am meisten liebst. Atme zunächst voller Achtsamkeit ein und aus, um dich zu erfrischen. Dann setz dich ganz nahe zu dem Menschen, den du liebst, und sprich in diesem Zustand tiefer Konzentration das zweite Mantra. Du bist glücklich, und zugleich ist es auch der geliebte Mensch. Diese Mantras können wir gut im Alltag verwenden. Um ein wahrhaft liebender Mensch zu sein, musst du achtsames Atmen praktizieren, damit du wirklich ganz gegenwärtig bist.

Hier noch ein drittes Mantra: »Liebling, ich weiß, dass du leidest. Deshalb bin ich jetzt für dich da.« Bist du achtsam, so bekommst du mit, wenn dein geliebter Mensch leidet. Setz dich ganz nahe zu ihm und sage: »Liebling, ich weiß, dass du leidest. Deshalb bin ich jetzt für dich da.« Das allein schon bringt große Erleichterung.

Es gibt ein viertes Mantra; sprich es, wenn du selbst leidest: »Liebling, ich leide. Bitte hilf mir.« Sechs Worte nur, aber es fällt uns oft schwer, sie auszusprechen, weil wir Stolz im Herzen haben, gerade dann, wenn wir glauben, dass uns der Mensch, den wir lieben, den Kummer zugefügt hat. Wäre es jemand anders gewesen, so wären wir nicht so getroffen. Weil es aber dieser Mensch ist, sind wir tief verletzt. Wir möchten allein in unser Zimmer gehen und weinen. Lieben wir diesen Menschen aber wirklich, so müssen wir ihn, wenn wir Kummer haben, um Hilfe bitten. Wir müssen unseren Stolz überwinden.

In meinem Land ist die Geschichte eines jungen Paares sehr bekannt, das wegen seines Stolzes großes Leid erfuhr. Der junge Mann war gezwungen, in den Krieg zu ziehen, und er ließ seine schwangere Frau zurück. Nach drei Jahren wurde er aus der Armee entlassen, und seine Frau kam zusammen mit ihrem kleinen Sohn zum Tor des Ortes, um ihn willkommen zu heißen. Als die beiden jungen Leute sich wiedersahen, konnten sie ihre Freudentränen nicht zurückhalten. Sie waren ihren Ahnen so dankbar dafür, sie beschützt zu haben, dass der junge Mann seine Frau bat, zum Marktplatz zu gehen und dort Früchte, Blumen und andere Opfergaben zu besorgen, die sie auf den Altar der Ahnen legen wollten.

Während sie also einkaufte, sagte der junge Mann zu seinem Sohn, er möge ihn Papi nennen. Der kleine Junge aber weigerte sich. »Mein Herr, Sie sind nicht mein Papi! Mein Papi kam jeden Abend zu uns, und meine Mutter sprach mit ihm und weinte. Wenn Mutter sich hinsetzte, setzte auch er sich hin, und legte Mutter sich nieder, so legte auch er sich nieder.« Als der junge Vater diese Worte vernahm, versteinerte sich sein Herz.

Seine Frau kehrte zurück, und er mochte sie nicht einmal ansehen. Der junge Mann bot den Ahnen Früchte, Blumen und Räucherwerk dar, machte Niederwerfungen, und am Ende rollte er die Gebetsmatte zusammen und gestattete seiner Frau nicht, den Ahnen dieselben Ehren zu erweisen. Er fand, sie sei nicht würdig, dies zu tun. Dann verließ er das Haus und ging ins Dorf, lief dort herum und begann zu trinken. Seine Frau war tief bestürzt. Sie verstand nicht, weshalb er sich so verhielt. Schließlich, es waren drei Tage vergangen, hielt sie es nicht länger aus – sie sprang in den Fluss und ertrank.

Am Abend nach der Begräbnisfeierlichkeit, der junge Vater zündete gerade die Kerosinlampe an, rief der kleine Junge: »Da ist mein Papi!« Er deutete auf den Schatten seines Vaters an der Wand und sagte: »Mein Papi kam auf diese Art jeden Abend, und meine Mutter sprach mit ihm und weinte viel. Wenn meine Mutter sich setzte, setzte auch er sich. Legte meine Mutter sich hin, so legte auch er sich nieder.«

Die junge Frau hatte in den vergangenen Jahren oft vor dem Schatten geweint: »Liebling, du bist zu lange schon fort. Wie soll ich nur unser Kind allein aufziehen?« Eines Abends hatte das Kind sie gefragt, wer und wo sein Vater sei. Sie hatte auf den Schatten gedeutet und gesagt: »Dies ist dein Vater.« Sie vermisste ihn so sehr.

Nun wurde dem jungen Vater alles klar, aber es war zu

spät. Wäre er zu seiner Frau gegangen und hätte sie gefragt: »Liebling, ich leide so sehr. Unser kleiner Sohn sagt, ein Mann sei jede Nacht gekommen und du habest mit ihm gesprochen und geweint, und immer, wenn du dich setztest, setzte auch er sich. Wer ist denn nur dieser Mann?«, so hätte sie eine Möglichkeit gehabt, ihm alles zu erklären und die Tragödie abzuwenden. Aber er tat es aufgrund seines Stolzes nicht.

Auch die junge Frau verhielt sich ähnlich. Tief verletzt durch das Verhalten ihres Mannes, bat sie ihn nicht um Hilfe. Sie hätte das vierte Mantra praktizieren sollen: »Liebling, ich leide so sehr. Bitte hilf mir. Ich verstehe nicht, weshalb du mich gar nicht mehr anschaust oder mit mir sprichst. Weshalb hast du nicht zugelassen, dass ich vor dem Altar der Ahnen Niederwerfungen mache? Habe ich irgendetwas falsch gemacht?« Hätte sie so gehandelt, hätte ihr Mann ihr mitteilen können, was der kleine Junge erzählt hatte. Aber sie tat es nicht, denn auch sie war in ihrem Stolz gefangen.

Bei wahrhaftiger Liebe gibt es keinen Platz für Stolz. Wenn dich der geliebte Mensch verletzt, wenn du Kummer hast und glaubst, der Mensch, den du am meisten liebst, habe dich tief gekränkt, dann denke an diese Geschichte. Verhalte dich nicht so wie der Vater oder die Mutter des kleinen Jungen. Lass nicht zu, dass Stolz dir im Wege steht. Praktiziere das vierte Mantra: »Liebling, ich leide so. Bitte hilf mir.« Wenn du den anderen Menschen wirklich für den hältst, den du am meisten auf der Welt liebst, so musst du das tun. Hört der andere diese Worte, so kommt er von selbst wieder zurück und praktiziert das tiefe Schauen. Dann könnt ihr beide die Dinge wieder ins rechte Lot bringen, euch vertragen und die falschen Vorstellungen beseitigen.

Das vordringlichste Ziel buddhistischer Meditation ist es, die Kommunikation in uns selbst wiederherzustellen.

Ganz selten nur sind wir für uns da. Wir rennen vor uns davon, weil wir Angst haben, heimzukehren und uns mit der Furcht und dem Leid des verletzten Kindes in uns zu konfrontieren, eines Kindes, das so lange Zeit ignoriert wurde. Dabei ist es wunderbar, nach Hause zu kommen und zu sagen: »Kleiner Junge oder kleines Mädchen, ich bin jetzt für dich da. Sorge dich nicht, ich kümmere mich um dich.« Das ist der erste Schritt. Du bist das tief verwundete Kind, das darauf wartet, dass du nach Hause kommst. Und du bist der Mensch, der von zu Hause fortgerannt ist, der das Kind in dir im Stich gelassen hat.

Kehre zurück und sorge für dich. Dein Körper braucht dich, deine Gefühle brauchen dich, deine Vorstellungen brauchen dich. Das verletzte Kind in dir braucht dich. Dein Leid, deine Blockaden aus Schmerz brauchen dich. Dein tiefstes Verlangen braucht dich, damit du es würdigst. Kehre heim und sei da für all diese Dinge. Praktiziere achtsames Gehen und achtsames Atmen. Tue alles voller Achtsamkeit, damit du wirklich da sein kannst, damit du lieben kannst.

Liebe zu sich selbst

Hier ist eine Liebesmeditation aus dem *Visuddhimagga:*

Möge ich friedvoll, glücklich und gelöst sein in Körper und Geist.
Möge er / sie glücklich und gelöst sein in Körper und Geist.
Mögen sie glücklich und gelöst sein in Körper und Geist.

Möge ich frei sein von Verletzung und Kränkung.
Möge er / sie frei sein von Verletzung und Kränkung.
Mögen sie frei sein von Verletzung und Kränkung.

Möge ich frei sein von Wut, Verstrickung, Furcht und Ängstlichkeit.
Möge er / sie frei sein von Wut, Verstrickung, Furcht und Ängstlichkeit.
Mögen sie frei sein von Wut, Verstrickung, Furcht und Ängstlichkeit.

Wir wenden diese Meditation zunächst auf uns selbst an. Bevor wir nicht fähig sind, uns selbst zu lieben und für uns zu sorgen, können wir nicht viel für andere tun. Danach beziehen wir sie auf einen Menschen, den wir mögen, dann auf jemanden, für den wir neutrale Gefühle hegen, nun auf jemanden, den wir lieben, und schließlich auf jemanden, den wir uns nur vorzustellen brauchen, um schon leidvolle Gefühle zu empfinden.

Nach den Worten des Buddha besteht ein menschliches Wesen aus den fünf *skandhas* (Elemente, Anhäufungen, Aggregate): Form, Gefühle, Vorstellungen, Geistesformationen und Bewusstsein. Wir sind der König, und diese Elemente sind unser Land (Besitztum, Güter). Diese unsere Ländereien müssen wir sorgfältig überwachen, um die wahre Situation, die tatsächliche Lage in uns zu erkennen. Dabei müssen wir die Elemente erkennen, die in Konflikt miteinander stehen, die sich in uns bekriegen. Wir müssen uns selbst verstehen, um in der Lage zu sein, Harmonie im Innern herzustellen, Versöhnung und Heilung. Wir beginnen mit der Liebesmeditation, indem wir tief in uns hineinschauen und hineinhören, unser Territorium also genau erforschen, um in ihm Frieden zu schaffen.

Zunächst betrachten wir eingehend das Skandha der Form, das unser Körper ist. Wie ist unser Körper im jetzigen Augenblick? Wie war er in der Vergangenheit? Wie wird er in der Zukunft sein? Auch wenn wir später über eine andere Person meditieren, eine Person, die wir mögen, zu der wir ein neutrales Verhältnis haben, die wir lieben und die wir hassen, beginnen wir stets damit, ihre körperlichen Aspekte zu betrachten. Indem wir ein- und ausatmen, stellen wir uns das Gesicht der Person vor, die Art, wie sie geht, sitzt und spricht, ihr Herz, ihre Lungen, Nieren und alle Körperorgane. Wir nehmen uns dafür die Zeit, die wir brauchen, um all diese Einzelheiten aufmerksam zu betrachten. Stets beginnen wir aber damit, tief in uns selbst hineinzuschauen. Wenn wir unsere eigene Situation klar erkennen, sehen, welche Auswirkungen unsere soziale und materielle Umgebung auf uns hat, entstehen Verständnis und Liebe, und wir erkennen, was wir tun und lassen sollten, um besser mit uns umzugehen.

Wir betrachten unseren Körper, um zu sehen, ob er sich im Frieden befindet oder ob er an einer Krankheit leidet.

Wir betrachten den Zustand unserer Lungen, unseres Herzens, der Verdauungsorgane, der Nieren und der Leber, um die wahren Bedürfnisse unseres Körpers zu erkunden. So werden wir schließlich auf eine Weise essen und trinken und unseren Alltag leben, dass sich darin die Liebe zu unserem Körper ausdrückt. Der Körper wird zum Objekt unserer Liebe und unseres Mitgefühls. Normalerweise folgen wir unseren eingeschliffenen Gewohnheitsmustern. Betrachten wir sie aber eingehend, so erkennen wir, dass viele dieser Gewohnheiten unserem Körper und Geist Schaden zufügen. Deshalb versuchen wir, diese Gewohnheiten zu verwandeln und zu einer Lebensweise zu finden, die uns zu guter Gesundheit und Vitalität verhilft.

Als Nächstes betrachten wir unsere Gefühle und stellen fest, ob es sich um angenehme, unangenehme oder neutrale Gefühle handelt. Wie ein Fluss strömen die Gefühle in uns dahin, und jedes Gefühl ist ein Tropfen dieses Flusses. Unsere Praxis besteht darin, tief in den Fluss hineinzuschauen und zu beobachten, wie jedes Gefühl entstanden ist. Wir erkennen die Dinge, die uns am Glücklichsein gehindert haben, und wir tun unser Mögliches, sie zu verwandeln. Indem wir die wunderbaren, erfrischenden und heilenden Elemente berühren, die bereits in uns und in der Welt vorhanden sind, gewinnen wir Kraft und eine größere Fähigkeit, uns und andere zu lieben.

Als Nächstes meditieren wir über unsere Wahrnehmungen. Im Alltag sind wir oft Gefangene unserer falschen Vorstellungen. Wir glauben, im Dunkeln eine Schlange zu sehen, und reagieren mit Panik. Wenn unsere Freundin eine Lampe darauf richtet, erkennen wir, dass es sich nur um ein Stück Schnur handelt. Der Buddha sagt, dass die meisten unserer Vorstellungen auf Irrtum beruhen. Tagtäglich haben wir so viele falsche Vorstellungen, und sie sind die Hauptursache für unser Leiden und für Missverständnisse.

Vielleicht wäre es gut, den Satz »Bist du sicher?« sorgfältig auf ein Stück Papier zu malen und uns an die Wand zu heften, als eine Glocke der Achtsamkeit. Liebesmeditation zu praktizieren bedeutet, dass wir lernen, die Dinge mit Klarheit und Gelassenheit zu betrachten, um auf unserem gewählten Weg fortzuschreiten.

Nun betrachten wir auch unsere Geistesformationen. Da gibt es vielfältige Ideen und Denkweisen in uns, die bewirken, dass wir auf eine bestimmte Art und Weise reden und handeln. Unsere Praxis besteht nun darin, tief in unsere Geistesformationen hineinzuschauen, um ihre wahre Natur zu erkennen, zu verstehen, wie wir von unserem individuellen Bewusstsein, aber auch vom kollektiven Bewusstsein beeinflusst werden – von unserer Familie, unserer Gesellschaft. Unheilsame Geistesformationen sind ein großer Störfaktor; heilsame Geistesformationen führen uns hingegen zu Liebe, Befreiung und Glück.

Schließlich betrachten wir unser Bewusstsein. Gemäß den Worten des Buddha ist unser Bewusstsein wie ein Feld mit allerlei verschiedenen Sorten von Samen – Samen der Freude, des Gleichmuts, des Mitgefühls und der Liebe. Samen des Ärgers, der Furcht, der Besorgnis und Samen der Achtsamkeit. Wie ein Speicher enthält es alle Samen, alle Dinge, die möglicherweise in unserem Geist entstehen können. Ist unser Geist nicht in friedvollem Zustand, so lässt sich dies auf die Begierden und Gefühle in unserem Speicherbewusstsein zurückführen. Wir möchten das eine oder andere, oder wir sind vielleicht ärgerlich. Um in Frieden zu leben, müssen wir uns dieser Neigungen bewusst werden, damit wir mehr Selbstkontrolle erlangen. Dies ist die Praxis der Gesundheitsvorsorge. Wir schauen tief in die Natur unserer Gefühle, um ihre Wurzeln zu erkennen, um zu erkennen, welche Gefühle der Verwandlung bedürfen, und um diejenigen Gefühle zu stärken, die uns Frieden, Freude und Wohlbefinden bereiten.

Sehr geeignet für die Liebesmeditation ist die sitzende Körperhaltung. Wenn wir still dasitzen, beschäftigen wir uns nicht so viel mit anderen Dingen, sodass wir uns auf die Arbeit der Betrachtung wirklich einlassen können. Das hat nichts mit Autosuggestion oder Affirmation zu tun. Wir sagen nicht einfach: »Ich liebe mich«, sondern wir betrachten unseren Körper, unsere Gefühle, unsere Vorstellungen, unsere Geistesformationen und unser Bewusstsein sehr eingehend, sehen die Realität dieser Aspekte in uns, erkennen, wie sie wirklich ist. Auf diese Weise entwickeln wir unsere Liebe und finden heraus, welches der beste Weg ist, sie der Welt gegenüber auszudrücken.

Eines Tages fragte König Pasenadi von Kosala seine Frau, die Königin Mallika: »Meine liebe Frau, gibt es irgendjemanden auf der Welt, der dich so sehr liebt wie du dich selbst?« Die Königin lachte und antwortete: »Mein lieber Mann, gibt es irgendjemanden auf der Welt, der dich mehr liebt als du dich selbst?« Am folgenden Tag erzählten sie dem Buddha von ihrer Unterhaltung, und er sagte: »Das ist richtig. Im gesamten Universum ist uns niemand lieber als wir selbst. Mag der Geist auch in tausend Richtungen wandern, so wird er doch keinen wahrhaftig geliebten Menschen finden außer uns selbst. Wenn ihr erkennt, wie wichtig es ist, dass ihr euch selbst liebt, dann solltet ihr aufhören, anderen Leid zuzufügen.«[13]

König Pasenadi und der Buddha wurden enge Freunde. Als sie eines Tages zusammen im Jetahain saßen, sagte der König zum Buddha: »Herr, es gibt Leute, die glauben, sie liebten sich selbst, aber tatsächlich fügen sie sich die ganze

13 *Samyutta Nikaya*, Band I, 75

Zeit über durch ihre Gedanken, Worte und Taten Schaden zu. Ich würde sagen, dass diese Leute sich selbst die schlimmsten Feinde sind.« Dem stimmte der Buddha zu. »Menschen, die sich selbst durch ihre Gedanken, Worte und Taten verletzen, sind in der Tat sich selbst die schlimmsten Feinde. Sie verursachen sich selbst nur Leiden.«[14] Gewöhnlich glauben wir, unser Leid werde von anderen verursacht – von unseren Eltern, unserem Partner, unserer Partnerin, unseren Feinden. Wir aber sagen oder tun aus Gedankenlosigkeit, Wut oder Neid und Eifersucht Dinge, die uns und anderen Leiden bereiten.

Bei einer anderen Gelegenheit erzählte der Buddha König Pasenadi: »Gewöhnlich denken die Menschen, sie liebten sich. Da sie aber nicht achtsam sind, sagen und tun sie Dinge, mit denen sie sich selbst Leid zufügen.«[15] Wenn wir erkennen, dass das zutrifft, können wir aufhören, andere als die Verursacher unseres Leidens anzusehen. Stattdessen bemühen wir uns, uns selbst Liebe und Fürsorge zu schenken und unseren Körper und Geist zu nähren.

Wenn du diese Liebesmeditation durchführen möchtest, so sitz ganz still, lass deinen Körper, deinen Atem zur Ruhe kommen und rezitiere: »Möge ich friedvoll, glücklich und gelöst sein in Körper und Geist. Möge ich frei sein von Verletzung und Kränkung. Möge ich frei sein von Wut, Verstrickung, Furcht und Ängstlichkeit.«

Wir beginnen mit dem Wunsch: »Möge ich … sein.« Sodann verändern wir die Ebene des Wunsches und betrachten eingehend all die positiven und negativen Eigenschaften unseres Meditationsobjekts, in diesem Fall von uns selbst. Dabei schauen wir mit unserem ganzen Sein, nicht

14 *Samyutta Nikaya,* Band I, 71
15 *Samyutta Nikaya,* Band I, 71

nur rein intellektuell. Die Bereitschaft, zu lieben, ist noch nicht Liebe. Wir müssen ganz tief schauen, um das Objekt unserer Meditation zu verstehen. Wenn du die Liebesmeditation praktizierst, ahme nicht einfach andere nach oder versuche, irgendwelchen Ideen gerecht zu werden. Halte dich an die grundlegenden Unterweisungen, aber praktiziere auf deine eigene Weise. Nach einigen Wochen wird aus deinem Wunsch eine tiefe Absicht, und Liebe wird in deine Gedanken, deine Worte und deine Taten Einzug halten.

Während du sprichst: »Möge ich friedvoll, glücklich und gelöst sein in Körper und Geist. Möge ich frei sein von Verletzung und Kränkung. Möge ich frei sein von Wut, Verstrickung, Furcht und Ängstlichkeit«, überprüfe, spüre, ob du bereits Frieden in dir hast, Glück und Gelöstheit, ob du dich wegen irgendwelcher Vorkommnisse oder Missgeschicke sorgst, ob du Ärger, Gereiztheit, Furcht, Ängstlichkeit oder Besorgnis empfindest. Wenn du so der Gefühle gewahr wirst, die bereits in dir sind, vertieft sich dein Verständnis für dich selbst. Du kannst erkennen, wie deine Ängste und dein Mangel an Frieden zu deinem Unglück beitragen, kannst den Wert der Selbstliebe erkennen und in dir das Herz des Mitgefühls entwickeln. Statt mit einer diffusen, allgemeinen Angst zum Beispiel vor Unfällen zu leben, beobachte lieber, wie du dich selbst immer verletzt, und unternimm dann etwas, um Krankheit und Verletzungen zu vermeiden. Schau wirklich tief, und dies nicht nur auf deinem Meditationskissen, sondern wo immer du bist, was immer du gerade tust. Vielleicht möchtest du deine Erkenntnisse auf einem Stück Papier notieren.

Der Buddha lehrt, dass wir, haben wir erst einmal verstanden, dass wir die Person sind, die uns am nächsten und kostbarsten ist, aufhören, uns wie einen Feind, eine Feindin zu behandeln. Dies wird den Zwang in uns auflösen, uns und andere zu verletzen.[16]

In unserem täglichen Leben haben wir es mit vielen Risiken zu tun. Ärger ist eine Art Risiko, weil er die Person in Schwierigkeiten bringt, die ärgerlich ist, und auch alle in ihrer Umgebung. Gedankenlosigkeit ist ein Risiko, das zu vielen schlimmen Situationen führen kann. Auch sich verlieben kann ein Risiko sein. Erkenne deine tiefe Sehnsucht danach, in Frieden und Sicherheit zu leben, Unterstützung zu erfahren, auf die du dich verlassen kannst, und Achtsamkeit zu praktizieren. Achtsam leben ist der sicherste Weg, dich vor den vielen Risiken zu schützen, denen wir im Alltag begegnen.

»Möge ich frei sein von Wut, Verstrickung, Furcht und Ängstlichkeit.« Wenn Ärger oder Wut dich überwältigt, sind dein Frieden und dein Glücksgefühl verschwunden. Manche Menschen werden ihr ganzes Leben lang von Ärger zerfressen. Sie geraten schon außer sich, wenn sie nur jemand anrempelt. Liegt es an den Umständen oder an den Samen des Ärgers in ihnen?

Wenn wir Achtsamkeit praktizieren, können wir vielen Missgeschicken vorbeugen. Aus Gedankenlosigkeit sagen oder tun wir Dinge, die nicht hilfreich sind. Ärger ist also auch ein Unfall, ein Missgeschick. Praktizieren wir aber achtsam, so können wir unseren Ärger, unsere Wut umarmen und verwandeln.

Die Liebesmeditation hilft uns, uns selbst und andere zu verstehen und die gewohnheitsmäßigen Gedankenmuster loszulassen, die neues Leiden erzeugen. Tun wir anderen etwas an, tun wir uns selbst damit sogar noch mehr an. Wenn wir es nicht verstehen, unser Leiden zu verwandeln, dann bedroht die Gewaltbereitschaft in uns alle anderen

16 *Samyutta Nikaya,* Band I, 75

mit. Liebe und Verstehen können Ärger und Wut, Frustration, Furcht, Besorgnis und Ängstlichkeit verwandeln. Wir schauen tief in unsere Gewalttätigkeit hinein und entdecken ihre wahre Natur. Wir erkennen, dass der Mensch, der uns etwas angetan hat, selbst leidet. Sein Leiden zu betrachten schafft Liebe und Verstehen in uns, und diese Energien können Heilung bewirken.

Wir erkennen, dass der andere in der Hölle lebt und unsere Hilfe braucht. Unser Herz ist jetzt offen, und wir leiden viel weniger. Einsicht, tiefe Erkenntnis – die Frucht tiefen Betrachtens – befreit uns, und es fällt uns nicht länger schwer, den anderen zu akzeptieren. Plötzlich wird Liebe in unserem Herzen geboren, und wir betrachten den anderen Menschen nicht mehr als unseren Feind.

Ein Brahmane fragte den Buddha: »Herr, gibt es irgendetwas, das zu töten du befürworten würdest?« »Ja, die Wut, den Ärger«, antwortete der Buddha. »Die Wut zu töten beseitigt Leiden und erzeugt Frieden und Glück. Ärger und Wut sind ein Gift, das zu töten die Weisen befürworten.« Durch die Antwort des Buddha war der Brahmane so beeindruckt, dass er Mönch in des Buddhas Sangha wurde. Als sein Cousin davon erfuhr, beschimpfte er den Buddha. Dieser aber lächelte. Darauf wurde der Mann noch wütender, und er fragte: »Warum antwortest du mir nicht?«, worauf der Buddha entgegnete: »Wenn jemand ein Geschenk zurückweist, muss der es zurücknehmen, der es angeboten hat.«[17] Worte und Taten der Wut verletzen in erster Linie dich selbst.

Danach rezitierte der Buddha den folgenden Vers:

17 *Das Sutra der 42 Kapitel,* Taisho 784

Wie kann für die, die ohne Ärger sind,
Ärger entstehen?
Die, die sich selbst bezwungen haben
und tiefes Schauen praktizieren,
leben stets in Frieden, Freiheit und Sicherheit.
Wer den anderen beleidigt,
weil er vom anderen beleidigt wurde,
verletzt sich selbst
und auch den anderen.
Bist du verletzt,
verletzt den anderen aber nicht,
so ist der Sieg wirklich dein,
und auch des anderen ist der Sieg.
Beiden bringt deine Praxis Segen.
Verstehst du, wo die Wurzel des Ärgers liegt,
bei dir und auch beim andern,
so ist dein Geist wahrhaftig
voll Frieden, Freude, Leichtigkeit.
Du wirst zum Arzt, der sich
und den anderen heilt.
Die, die das nicht verstehen, mögen denken,
dass der, der nicht in Wut gerät,
ein Narr sei.[18]

»Die, die ohne Ärger sind« bezeichnet diejenigen, die keine Samen des Ärgers, der Wut in ihrem Speicherbewusstsein haben. In erster Linie werden wir wütend, weil wir Samen der Wut, des Ärgers in uns tragen. Diese Samen können von unseren Eltern, von der Gesellschaft auf uns übertragen worden sein. Schon ein geringfügiger Auslöser kann diesen Ärger an die Oberfläche bringen.

18 *Samyutta Nikaya*, Band I, 162

Ein Mensch, der keine Samen des Ärgers in sich hat, kann stets lächeln, ganz gleich, was man zu ihm sagt.

»Die, die sich selbst bezwungen haben und tiefes Schauen praktizieren, leben stets in Frieden, Freiheit und Sicherheit.« Menschen, die zur Selbstkontrolle fähig sind, werden nicht in den Kreislauf von Ärger und Wut hineingezogen. Die Einsicht, die sie durch ihr tiefes Schauen erlangt haben, beschützt ihren Geist und ihren Körper. Tiefes Schauen und Betrachten ist die Praxis der Liebe, des Mitgefühls, der Freude und des Gleichmuts.

»Wer den anderen beleidigt, weil er vom anderen beleidigt wurde, verletzt sich selbst und auch den anderen.« Schreit dich jemand an und du schreist zurück, so leidest du, die andere Person leidet, und der Ärger oder die Wut steigert sich nur noch. Vermeide ein solches Verhalten. Beide Seiten werden dadurch nur verletzt.

»Bist du verletzt, verletzt den anderen aber nicht, so ist der Sieg wirklich dein, und auch des anderen ist der Sieg. Beiden bringt deine Praxis Segen.« Wirst du verletzt und verletzt du die andere Person nun deinerseits, so verlängerst du damit nur das Leiden. Praktiziere achtsames Atmen, und du wirst für beide Seiten eine positive Situation schaffen.

»Verstehst du, wo die Wurzel des Ärgers liegt, bei dir und auch beim andern, so ist dein Geist wahrhaftig voll Frieden, Freude, Leichtigkeit.« Schaust du tief in die Dinge hinein, erkennst du, dass die andere Person wütend ist, weil es ihr an Achtsamkeit mangelt, weil sie ein falsches Verständnis besitzt oder weil ihre Eltern, ihre Vorfahren, die Gesellschaft Samen der Wut auf sie übertragen haben. Verstehst du dies, wird dir unverzüglich Frieden, Erleichterung, Freude und Freiheit geschenkt.

»Du wirst zum Arzt, der sich und den anderen heilt.« Schreit dich jemand voller Wut an, und du antwortest ohne

Ärger mit einem Lächeln, so beginnt die Person vielleicht allmählich zu verstehen und transformiert schließlich ihre Wut. So heilst du deine eigene Krankheit und die von anderen.

»Die, die das nicht verstehen, mögen denken, dass der, der nicht in Wut gerät, ein Narr sei.« Sie sagen vielleicht: »Schlag zurück! Lass dir nicht gefallen, dass jemand so mit dir spricht!« Aber sie verstehen diese tiefe Lehre des Buddha noch nicht. Wenn du spürst, dass Ärger oder Wut aufkommt, kehre zu deinem Atem zurück und folge ihm. Die andere Person sieht vielleicht, dass du praktizierst, und möglicherweise entschuldigt sie sich sogar. Es ist sehr hilfreich, diesen Vers im Gedächtnis zu behalten, ihn auswendig zu lernen.

Wir hoffen natürlich, dass unser tägliches Leben frei von Risiken und Verletzungen ist. Wir hoffen, dass kein Ärger, keine Wut in uns aufsteigt. Geschieht es dennoch, so wissen wir, wie wir damit umzugehen haben. In dieser Liebesmeditation aus dem *Visuddhimagga* beziehen sich »Ärger, Wut, Verstrickungen, Furcht und Ängstlichkeit« auf alle unheilsamen, negativen Geisteszustände, die in uns angelegt sind und uns unseres Friedens, unseres Glücks berauben. Wut, Furcht, Ängstlichkeit, Verlangen, Gier und Unwissenheit sind die großen Probleme unserer Zeit. Führen wir aber ein achtsames Leben, so sind wir in der Lage, mit ihnen umzugehen, und unsere Liebe setzt sich um in wirksame Handlungen.

Den ganzen Tag lang solltest du dich in tiefer Betrachtung üben – bei der Sitzmeditation, Gehmeditation, bei der Arbeit, zu Hause. Dann wirst du die wahre Natur der fünf Skandhas entdecken – Form, Gefühle, Vorstellungen, Geistesformationen und Bewusstsein.

Wenn wir tief in uns selbst hineinschauen, erkennen wir die Bedingungen, die uns zu dem machten, was und wie wir sind. Das macht es einfacher, uns selbst zu akzeptieren – unser Leiden und unser Glück zugleich. Lieben bedeutet in erster Linie, uns selbst zu akzeptieren, so wie wir tatsächlich sind. »Erkenne dich selbst« lautet die Praxis der Liebe.

Liebe und Verstehen

Die folgenden drei Übungen sind eine Fortsetzung der Liebesmeditation auf der Grundlage des *Visuddhimagga*, die ich im letzten Kapitel vorgestellt habe:

Möge ich lernen, mich selbst mit den Augen der Liebe und des Verstehens zu betrachten.
Möge er / sie lernen, sich selbst mit den Augen der Liebe und des Verstehens zu betrachten.
Mögen sie lernen, sich selbst mit den Augen der Liebe und des Verstehens zu betrachten.

Möge ich fähig sein, die Samen der Freude und des Glücks in mir zu erkennen und zu berühren.
Möge er / sie fähig sein, die Samen der Freude und des Glücks in sich zu erkennen und zu berühren.
Mögen sie fähig sein, die Samen der Freude und des Glücks in sich zu erkennen und zu berühren.

Möge ich lernen, die Quellen von Ärger, Verlangen und Täuschung in mir festzustellen und zu erkennen.
Möge er / sie lernen, die Quellen von Ärger, Verlangen und Täuschung in sich festzustellen und zu erkennen.
Mögen sie lernen, die Quellen von Ärger, Verlangen und Täuschung in sich festzustellen und zu erkennen.

Im vergangenen Winter wurden die Bewohnerinnen und Bewohner von Plum Village dazu eingeladen, Liebesmeditation zu praktizieren. Eine Woche später nur erzählte mir eine junge Laienpraktizierende: »Als ich anfing, über meinen Freund zu meditieren, stellte ich fest, dass ich begann, ihn immer weniger zu lieben. Und als ich über die Person meditierte, die ich am wenigsten leiden konnte, hasste ich auf einmal mich selbst.« Vor der Meditation war ihre Liebe zu ihrem Freund voller Leidenschaft, aber sie war nicht in der Lage, seine schwachen Seiten zu erkennen. Als sie nun Liebesmeditation praktizierte, sah sie ihn zunehmend klarer, und sie musste feststellen, dass er keineswegs so perfekt war, wie sie angenommen hatte. Deshalb sagte sie, sie liebe ihn nun weniger. Tatsächlich begann sie ihn jetzt mit mehr Maitri und Karuna zu lieben. Sie war in der Lage, sein Leiden zu erkennen, und deshalb wurde ihre Liebe tiefer, mit mehr Mitgefühl und Verstehen. Ihre Liebe wurde gesünder, und das Objekt ihrer Liebe wird davon profitieren. Sie verstand sein Leiden und akzeptierte seine Schwachpunkte; damit erlaubte sie ihm, freier durchzuatmen. Obwohl sie sagte: »Ich liebe ihn weniger«, denke ich, sie meinte: »Ich liebe ihn mehr.«

Auch hatte sie neue Erkenntnisse gewonnen bezüglich des Menschen, den sie am wenigsten leiden konnte. Plötzlich sah sie etliche Gründe, weshalb er so war, und dass sie durch ihre harschen Worte über das, was er sagte und tat, Leid bei ihm verursacht hatte. Ihr Bericht zeigte, dass sie wirklich praktizierte.

»Möge ich lernen, mich selbst mit den Augen der Liebe und des Verstehens zu betrachten.« Wieder beginnen wir mit uns selbst, um unsere eigene wahre Natur zu erkennen. Solange wir uns selbst ablehnen, solange wir fortfahren, unserem Körper und Geist zu schaden, so lange brauchen wir überhaupt nicht darüber zu reden, andere zu lieben und zu akzeptieren. Sind wir achtsam, so ist es uns möglich, unsere gewohnheitsmäßigen Denkmuster und Denkinhalte zu erkennen. Manchmal drehen sich unsere Gedanken im Kreis, und wir verfangen uns in Misstrauen, Pessimismus, Konflikten, Kummer, Vorurteilen oder Neid und Eifersucht. Wird unser Geist davon beherrscht, so tragen all unsere Worte und Handlungen natürlich nur dazu bei, diese Geisteszustände zu manifestieren und uns und anderen Schaden zuzufügen. Die hier vorgestellte Übung ermöglicht uns, das Licht der Achtsamkeit auf unsere gewohnheitsmäßigen Gedankenmuster zu richten, damit wir sie klar erkennen können.

Kommt ein Gedanke oder eine Idee in uns hoch, so nehmen wir sie zur Kenntnis und lächeln ihr zu. Das reicht allein schon, damit sie verschwindet. Ist rechtes Denken vorhanden, sind wir in der Lage, zwischen angemessener und unangemessener geistiger Aufmerksamkeit zu unterscheiden. Angemessene geistige Aufmerksamkeit *(yoniso manaskara)* erzeugt Glück, Frieden, Klarheit und Liebe. Unangemessene Aufmerksamkeit *(ayoniso manaskara)* erfüllt unseren Geist mit Kummer, Ärger und Vorurteilen. Achtsamkeit hilft uns, angemessene Aufmerksamkeit zu praktizieren und die Samen des Friedens, der Freude und der Befreiung zu wässern.

Im Buddhismus wird der Geist *(manas)* oft mit einem Affen verglichen, der sich von Ast zu Ast schwingt und uns damit immer wieder in die dunkle Welt von Schmerz und Leiden führt. Unsere Praxis bedeutet, den Lichtschein der Achtsamkeit auf unseren Geist zu richten, um die Wege unseres Geistes klar zu erkennen und ihn daran zu hindern, die Pfade unangemessener Aufmerksamkeit zu beschreiten. Immer wenn wir einem Gespräch zuhören oder ein Ereignis miterleben, kann unsere Aufmerksamkeit angemessen oder unangemessen sein. Sind wir achtsam, erkennen wir, um welche Art der Aufmerksamkeit es sich handelt, und wir nähren die angemessene und lassen die unangemessene los. Dabei stellen wir fest: »Mir ist bewusst, dass die unangemessene Aufmerksamkeit weder mir noch denen, die mir etwas bedeuten, Nutzen bringt.« Wenn wir wissen, wie wir einen ruhigen, klaren und freudvollen Geist bewahren, dann werden unsere Worte und Taten Ruhe, Frieden und Freude manifestieren. Wir sind dann unsere eigene gute Freundin, unser eigener guter Freund, und wir sind es auch für viele andere.

Als Nächstes benutzen wir die Achtsamkeit, um unsere Rede ins Licht zu rücken. Wir haben vielleicht beschlossen, bestimmte Dinge nicht zu sagen, aber dann ertappen wir uns dabei, dass wir sie trotzdem sagen. Achtsamkeit hilft uns, innezuhalten, bevor wir Dinge äußern, die einen Konflikt zwischen uns und anderen schaffen.

Körperliche Handlungen – ein Blick, eine Handbewegung, die Art, wie wir dastehen – drücken auch unsere Geistesverfassung aus. Jede Geste offenbart unsere Freude oder Traurigkeit, Liebe oder Hass, Achtsamkeit oder Gedankenlosigkeit. Achtsamkeit erhellt, was wir tun – wie wir dasitzen und dastehen, wie wir andere ansehen, wie wir lächeln und wie wir die Stirn runzeln. Ist das Licht der Achtsamkeit da, so erkennen wir, welche Handlungen nutzbringend sind und welche schaden. Handlungen, die uns nützen, nützen auch anderen. Handlungen, die uns schaden, schaden auch anderen. Deshalb beginnen wir die Übung mit den Worten: »Möge ich lernen, mich selbst mit den Augen der Liebe und des Verstehens zu betrachten.« Hast du einmal den Schlüssel des Verstehens benutzt, um das Tor zur Liebe zu öffnen, wirst du dich und andere akzeptieren. Kannst du andere nicht akzeptieren, dann deshalb, weil du dich selbst nicht akzeptierst. Streitest du dich mit den Menschen in deiner Umgebung, dann rührt das daher, dass

Streit und Zank in dir selbst sind. Im *Lotus-Sutra* finden wir den Rat, alle Wesen mit den Augen des Mitgefühls zu betrachten. Das schließt auch uns selbst mit ein.

»Möge ich fähig sein, die Samen der Freude und des Glücks in mir zu erkennen und zu berühren«, ist eine ganz wichtige Praxis. Der Buddha beschreibt unseren Geist als die Erde, die viele Samen, positive wie negative, enthält. All dieser Samen müssen wir uns bewusst sein. Berühren wir uns selbst, mögen wir zuerst Leid berühren. Wir sollten aber wissen, dass es da auch andere Samen gibt. Unsere Vorfahren haben Samen des Leidens auf uns übertragen, aber auch Samen des Friedens, der Freude und des Glücks. Selbst wenn diese Samen tief in unserem Speicherbewusstsein verborgen liegen, können wir sie wässern und damit begünstigen, dass sie wachsen, kräftiger werden. Das ist wirklich eine wichtige Praxis. Wir berühren die Samen der Freude, des Friedens, der Freiheit, der Festigkeit und der Liebe in uns, und wir bitten unsere Freundinnen und Freunde, dasselbe für uns zu tun. Wenn wir jemanden lieben, müssen wir jeden Tag die positiven Samen in diesem Menschen erkennen und berühren. Das hilft ihm dann, in Richtung Gesundheit und Glück zu wachsen. Es ist eine ganz konkrete Praxis. Wir müssen uns aber hüten, die Samen des Ärgers, der Verzweiflung und des Hasses zu wässern.

Wenn wir allmählich Verständnis, Liebe und Sorge für uns selbst entwickeln, können wir dazu übergehen, andere zum Objekt unserer Liebesmeditation zu machen. Wir beginnen mit einem Menschen, den wir mögen; schrittweise probieren wir es dann mit jemandem, zu dem wir ein neutrales Verhältnis haben, danach mit einem Menschen, den wir lieben, und schließlich mit jemandem, an den allein zu denken uns schon Leid bereitet. Im *Visuddhimagga* wird uns geraten, lieber mit jemandem zu beginnen, den wir mögen, statt mit jemandem, den wir nicht leiden können; denn es ist einfacher, einem uns sympathischen Menschen unseren Geist der Liebe zu widmen. Buddhaghosa benutzt dazu das Beispiel, ein Feuer zu entfachen. Zuerst zündest du etwas Stroh an. Brennt das Stroh, so fügst du ein paar kleine Ästchen hinzu. Haben die kleinen Äste Feuer gefangen, fügst du kleine Scheite hinzu. Brennen diese, so legst du größere Scheite nach, bis schließlich auch feuchte oder noch frische Scheite brennen. Würdest du aber mit den feuchten Scheiten beginnen, so würdest du das Feuer nicht entfachen können.

Es wird uns im *Visuddhimagga* außerdem davon abgeraten, mit jemandem zu beginnen, den wir lieben oder von dem wir uns angezogen fühlen. Es besteht nämlich die Gefahr, so heißt es, dass man ohne intensive Praxis von den tiefen Gefühlen gegenüber dieser Person überwältigt werden könnte. Auch sollten wir nicht über Menschen meditieren, die bereits verstorben sind. Aber das alles muss nicht unbedingt ein Problem sein. Ist deine Achtsamkeit echt und stabil, gibt es keinen Grund zur Sorge.

»Möge er / sie glücklich und gelöst sein in Körper und Geist. Möge er / sie frei sein von Verletzung und Kränkung. Möge er / sie frei sein von Wut, Verstrickung, Furcht und Ängstlichkeit.« Während du dich mit dieser Person beschäftigst, sende deine Energie, wenn sie östlich von dir lebt, nach Osten. Sitzt sie zu deiner Rechten, sende deine Energie nach rechts. Umgib sie mit der Energie der Liebe. Selbst wenn sie deiner Liebe nicht bedarf, kannst du trotzdem auf diese Weise praktizieren. Die Praxis besteht darin, für eine lange Zeitspanne in tiefer Konzentration zu verweilen. Wenn du mit der Meditation in Bezug auf dich selbst bis zu einem gewissen Grad erfolgreich warst, ist es nicht schwierig, sie auszudehnen auf eine Person, die du magst. Du tust es bis zu dem Punkt, an den du, als du selbst

Objekt deiner Liebesmeditation warst, gelangt bist. Es ist nicht so schwer, tief in die Natur des Körpers, der Gefühle, Vorstellungen, Geistesformationen und des Bewusstseins eines anderen Menschen zu schauen, wenn du bereits über deine eigenen fünf Skandhas meditiert hast, und es ist leicht, über jemanden zu meditieren, den du magst und respektierst.

Im *Satipatthana Sutta (Rede über die Vier Verankerungen der Achtsamkeit)* lehrt der Buddha die Mönche, wie sie über »den Körper im Körper«, »die Gefühle in den Gefühlen«, »den Geist im Geist« und »die Dharmas in den Dharmas«[19] meditieren können. Wenn wir meditieren, stehen wir nicht etwa draußen und schauen hinein, sondern werden eins mit unserem Meditationsobjekt, um direktes Verstehen zu erlangen. Solange wir uns selbst als getrennt von unserem Meditationsobjekt betrachten, ist unser Verstehen noch nicht wahrhaftig. Um eine andere Person wirklich zutiefst zu verstehen, müssen wir eins mit ihr werden. Liebesmeditation ist ein Wunder, eine ganz authentische Praxis. Sie bedeutet nicht Wunschdenken. Während wir in Meditation sitzen, strahlen wir die Energie der Achtsamkeit wie helles Licht auf das Objekt unserer Meditation. Das ist mit tiefem Schauen gemeint.

Ist deine Meditation erfolgreich in Bezug auf jemanden, den du magst, so fahre mit jemandem fort, der für dich gefühlsneutral ist, und mache ihn zum Meditationsobjekt; jemanden also, den du weder liebst noch hasst, zum Beispiel den Briefträger. Selbst wenn du ihm gegenüber tendenziell positive oder negative Gefühle hast, so ist es doch weder Liebe noch Hass. Eine neutrale Person kann Millionen anderer repräsentieren. Vielleicht möchtest du deine Liebe auf die Menschen in Bosnien ausdehnen. Nimm als

19 *Majjhima Nikaya*, Nummer 10

Meditationsobjekt einen bosnischen Mann oder eine bosnische Frau, und visualisiere ihn oder sie. Visualisiere den Körper, die Gefühle, Vorstellungen, Geistesformationen und das Bewusstsein. Dann erkennst du die Situation in ihrem Land. Wenn du diese Menschen verstehen kannst, kannst du sie lieben, und dann kannst du alle Menschen in Bosnien lieben und verstehen. Wenn du hingegen nur sagst: »Mögen alle Wesen glücklich sein«, könnte dein Wunsch, da er nicht an ein klares und konkretes Subjekt geknüpft ist, zu vage sein. Du richtest dein Augenmerk also auf eine Person und sagst: »Möge sie und mögen alle, die wie sie sind, in Sicherheit und frei von Schaden leben.« So wird sich deine Liebe auf reale Weise manifestieren. Erkennen und Verstehen bringen stets Liebe hervor.

Als Nächstes, vielleicht einige Monate später, bist du so weit, über jemanden zu meditieren, den du liebst – vielleicht sogar über die Person, die dir die liebste ist. »Möge er / sie glücklich und gelöst sein in Körper und Geist.« Dies ist eine sehr zärtliche Praxis, und genau deshalb wird im *Visuddhimagga* auch vor den möglichen Fallen gewarnt. Man verliert sehr leicht die Konzentration, wenn man über jemanden meditiert, an den man eine starke Anhaftung hat. »Möge er / sie glücklich und gelöst sein in Körper und Geist. Möge er / sie frei sein von Verletzung und Kränkung.«

Schließlich meditieren wir über jemanden, den wir als Feind betrachten. Wir versetzen uns an seine Stelle und lassen den Gedanken in uns entstehen: »Möge er / sie glücklich und gelöst sein in Körper und Geist.« Sind wir jedoch noch nicht in der Lage, uns selbst zu lieben, so sind wir auch nicht fähig, unsere Feinde zu lieben. Können wir uns aber lieben, so können wir mit Sicherheit auch diese Person lieben. Dann verstehen wir, dass unser sogenannter Feind ein menschliches Wesen ist, das leidet. »Möge er / sie in Sicherheit und frei von Schaden leben.« Während des Vietnamkrieges meditierte ich über die vietnamesischen Soldaten in der Hoffnung, dass sie nicht im Kampf getötet würden. Aber ich meditierte auch über die amerikanischen Soldaten und fühlte tiefes Mitgefühl für sie. Sie waren aus ihrer Heimat weit fortgeschickt worden, um zu töten oder getötet zu werden. Ich betete, dass sie heil nach Hause zurückkehren würden. Das führte zu meinem innigen Wunsch, der Krieg möge ein Ende haben und es möge allen Vietnamesen und allen Amerikanern möglich sein, in Sicherheit zu leben. Als dieser Wunsch erst einmal klar war, gab es nur noch einen einzige Weg zu beschreiten – für die Beendigung des Krieges zu arbeiten. Wenn du Liebesmeditation praktizierst, musst du diesen Weg gehen. Sobald wir erkennen, dass der Mensch, den wir unseren Feind nennen, auch leidet, haben wir die Fähigkeit, dieses Leiden zu akzeptieren und Mitgefühl zu empfinden. Sind wir erst in der Lage, unseren Feind zu lieben, ist er nicht mehr unser Feind. Die Vorstellung von »Feind« verschwindet, weicht der Vorstellung von jemandem, der leidet und unser Mitgefühl braucht.

Ein junger Mann, der an einem Kurs in Plum Village teilnahm, wurde gebeten, alle positiven und negativen Eigenschaften seines Vaters und seiner Mutter aufzuschreiben. Mit seinem Vater hatte er keinerlei Schwierigkeiten, aber er fand es schwierig, mehr als zwei, drei positive Aspekte seiner Mutter aufzuschreiben. Er zögerte sogar, überhaupt damit zu beginnen, weil er fürchtete, es könne höchst unerfreulich werden, über sie Betrachtungen anzustellen. Umso überraschter war er, als er in der Meditation über seine Mutter immer mehr positive Eigenschaften an ihr entdeckte, und je mehr er entdeckte, desto mehr schwanden seine Vorbehalte. Durch diese Meditation stellte er die Verbindung zu seiner Mutter wieder her, und Liebe entströmte seinem Herzen.

Motiviert durch seine Einsichten, schrieb er seiner Mutter einen Brief. Als sie ihn las, war sie tief berührt. Nie zuvor hatte ihr Sohn so zu ihr gesprochen. Er würdigte ihre guten Eigenschaften und drückte seine Dankbarkeit dafür aus, dass es sie gab. Sie erzählte ihrer Nachbarin von dem Brief und ihrer Freude darüber, ihren Sohn zurückzuerhalten. Sie bedauerte aber auch, dass ihre eigene Mutter nicht mehr am Leben war, sodass sie ihr keinen solchen Brief schreiben konnte. Als der junge Mann davon erfuhr, schrieb er ihr noch einmal: »Glaube nicht, dass Großmutter fortgegangen ist. Sie ist in uns noch immer lebendig. Komm, schreib ihr! Ich bin sicher, dass Großmutter deinen Brief lesen wird, schon in dem Augenblick, in dem du ihn schreibst.« Dies ist eine Einsicht, die er aus der Praxis gewonnen hatte. Unsere Eltern und Vorfahren sind in uns lebendig. Wir sind eine Fortsetzung ihrer selbst. Nachdem sie den zweiten Brief erhalten hatte, schrieb seine Mutter ihrer Mutter. Wenn ein Mensch praktiziert, kann er der ganzen Familie helfen.

»Möge ich fähig sein, die Samen der Freude und des Glücks in mir zu erkennen und zu berühren.« *Sarvabijaka,* »alle Samen«, ist ein Begriff, der im Buddhismus unser Bewusstsein bezeichnet. Wir sind die Gärtnerinnen, Gärtner, die die guten Samen identifizieren, anbauen und wässern. Achtsamkeit hilft uns, tief zu schauen und die Samen der Freude und des Glücks in uns zu erkennen, ihnen täglich Wasser und Dünger zu geben. Wir müssen darauf vertrauen, dass gute Samen in uns sind, und dann berühren wir sie mit der angemessenen Aufmerksamkeit in unseren Gedanken, während der Sitzmeditation, während wir achtsam essen – während des ganzen Tages. Haben wir einmal gelernt, wie wir sie berühren können, so ist uns dies immer wieder möglich. Je öfter wir sie berühren, desto stärker werden sie. Zunächst besteht unsere Übung darin, die Samen des Glücks und der Freude in uns selbst zu berühren. Gelingt uns dies gelegentlich, so können wir fortfahren und auch andere mit einbeziehen: »Möge ich fähig sein, die Samen der Freude und des Glücks in diesem Menschen zu erkennen und zu berühren.« Selbst wenn dieser Mensch sehr unglücklich ist, so wissen wir doch, dass auch er die Samen der Freude und des Glücks in sich trägt. Da wir schon gelernt haben, diese Samen in uns selbst zu wässern, sind wir jetzt auch in der Lage, es bei diesem Menschen zu tun. So hilft diese Praxis uns und auch dem anderen. Mit unseren Worten, unserem Blick, der Berührung unserer Hand und unserer liebevollen Zuwendung werden wir ihm helfen können, diese Samen zu berühren, und schon das kann ihm aus dem Unglück heraushelfen.

Ich stelle oft die Bitte an Psychotherapeuten, mit ihren Klienten nicht nur deren Probleme zu erörtern, sondern ihnen auch zu helfen, die ihnen innewohnenden Samen der Freude und des Glücks zu berühren. Weiß eine Therapeutin, wie man achtsam geht und die heilsamen Anteile in sich selbst berührt, so ist sie auch in der Lage, die Klienten darin zu unterstützen. Warum sollte man mit Klienten nicht draußen eine Gehmeditation machen? Zeigt ihnen, wie man Schritte macht und sich dabei erholt, wie man dabei im Kontakt ist mit dem blauen Himmel und den weißen Wolken. Zeigt ihnen, wie man sich selbst nährt, indem man kürzer tritt, alles verlangsamt und die einfachen Freuden genießt, die Freuden, die uns im gegenwärtigen Augenblick zur Verfügung stehen. Es kann durchaus schädlich sein, wenn Therapeuten und Klienten nur über Leiden reden.

»Bin ich bereits in der Lage, die Samen der Freude und des Glücks in mir zu erkennen?« Die Natur dieser Übung ist Liebe. »Viele Menschen scheinen heutzutage nicht zu wissen, wie man wirkliche Liebe praktiziert.«[20] Wir müssen die Erfahrung, die wir mit der Praxis machen, miteinander teilen.

»Möge ich lernen, die Quellen von Ärger, Verlangen und Täuschung in mir festzustellen und zu erkennen.« »Feststellen« bedeutet, das Vorhandensein von etwas auszumachen, und »erkennen« bedeutet, dessen Natur zu verstehen – wie lange diese Gefühle schon vorhanden sind, wo sie herkommen und welche Umstände sie hervorgebracht haben. Dies ist der Prozess des tiefen Betrachtens, tiefen Schauens.

In uns gibt es Gifte wie etwa Ärger, Wut, Verlangen und Verblendung. Wir wissen, was Ärger, was Wut ist. Verlangen ist die Art von Gier, die uns veranlasst, hinter etwas herzujagen, sei es Ruhm, irgendwelche Vorteile, Reichtum oder Sex. Verblendung ist Unwissenheit, ein Mangel an Verstehen. Außer diesen Störungen gibt es noch andere, so zum Beispiel Arroganz oder Argwohn. Das Vorhandensein dieser Gifte erzeugt Leiden in uns.

Wir müssen also im Alltag Achtsamkeit walten lassen, um das Vorhandensein von Ärger, Wut, Verlangen und Verblendung in uns auszumachen und zu erkennen, dass unser Leiden zum größten Teil durch diese Gifte verursacht wird und keineswegs von äußeren Umständen. Der Buddha fragte: »Wie kann Ärger in jemandem entstehen, der ohne Ärger ist?« Die Grundursache für Ärger und Wut liegt in uns selbst. Zwei Menschen können dieselben Worte vernehmen und dieselben Dinge sehen, aber nur der eine wird darüber wütend, ärgert sich darüber. Worte und Ereignisse außerhalb unserer selbst stimulieren lediglich, was bereits vorhanden ist. Gibt es keine Samen des Ärgers, der Wut, so können Wut und Ärger nicht aufkommen.

Zuerst müssen wir die Kontrolle über unseren eigenen

20 Dieser Satz stammt aus dem *Übungsbuch für Novizen*.

Ärger erlangen, bevor wir anderen dabei helfen können, mit ihrem Ärger umzugehen. Wenn die Flammen des Ärgers emporlodern, schlagen wir gewöhnlich auf jeden ein, der die Samen des Ärgers in uns gewässert hat. Das ist, als würden wir, wenn unser Haus in Flammen steht, statt die Flammen zu löschen, lieber denjenigen verfolgen, den wir für den Brandstifter halten. Mit dem anderen Menschen zu streiten gießt nur Wasser auf unsere eigenen Samen des Ärgers und der Wut.

Wann immer Ärger in uns aufsteigt, sollten wir unsere Energie der Achtsamkeit benutzen, um die Natur unseres Ärgers zu erhellen, zu umarmen und zu besänftigen. Unser Geist besteht aus zwei Teilen – dem Speicherbewusstsein und dem Geistesbewusstsein. Ärger ist ein Same in unserem Speicherbewusstsein. Auch Samen der Verblendung, des Begehrens, des Stolzes und des Argwohns gibt es dort – sie alle geben unserem Ärger Nahrung. Wenn ein Wort oder eine Handlung den Samen des Ärgers in unserem Speicherbewusstsein Wasser gibt, dann steigt unser Ärger in den bewussten Teil unseres Geistes auf. Das Speicherbewusstsein ist wie der Keller, und das Geistesbewusstsein ist das Wohngeschoss. Steigt der Ärger auf, so erwärmt sich der Wohnraum. Unser Gesicht läuft rot an, unsere Augen blicken finster, unsere Frische und unser heiteres Wohlbefinden sind fort.

Ganz gleich, wie kindisch das eigentlich ist, so glauben wir doch tatsächlich, dass wir uns besser fühlen, wenn wir der anderen Person etwas antun, damit auch sie leidet. Solch ein Denken ist gefährlich. In ihrer Wut könnte die andere Person noch heftiger reagieren, und die Wut schaukelt sich gegenseitig hoch. Der Buddha lehrt uns, dass wir, wenn Ärger oder Wut aufkommt, die Augen und Ohren schließen und zu uns selbst zurückkehren sollen, um uns der Quelle des Ärgers in uns zuzuwenden.

Unseren Ärger zu verwandeln dient nicht nur unserer eigenen Befreiung. Alle um uns herum und auch im weiteren Umfeld profitieren von unserem Erfolg, den Ärger in den Griff zu bekommen und den Geist der Liebe erstehen zu lassen. Liebesmeditation ist eine ausgezeichnete Methode, mit Ärger und Wut umzugehen. Viele Nachteile sind verbunden mit dem Festhalten von Ärger und der Weigerung, ihn zu verwandeln und loszulassen.

Da ich weiß, dass Ärger hässlich macht,
lächle ich stattdessen,
wende mich wieder mir selbst zu
und meditiere über die Liebe.

Der Buddha sagt, dass Ärger und Wut uns aller Verdienste und aller Schönheit berauben. Es möchte doch niemand hässlich aussehen. Bitte lächle, auch wenn es eine Anstrengung erfordert. Lächeln entspannt Hunderte von kleinen Muskeln, und es macht unser Gesicht viel attraktiver. Bist du zornig, so sieht dein Gesicht wie eine Bombe aus, die gleich explodiert. Schließe die Augen und Ohren und kehre zu dir selbst zurück, um die Flammen zu löschen. Über Liebe meditieren bedeutet Liebe praktizieren. Wo immer du gerade bist, setz dich hin und betrachte die Dinge eingehend. Ist deine Konzentration, deine Sammlung nicht ausreichend, so kannst du auch nach draußen gehen und dich in Gehmeditation üben, während du tiefes Schauen praktizierst. Wichtig ist einfach, dass du den Samen der Achtsamkeit gießt und ihm erlaubst, in dein Geistesbewusstsein aufzusteigen.

Achtsamkeit bedeutet stets Achtsamkeit *gegenüber etwas,* so wie auch Ärger immer Ärger *über etwas* ist. Trinke ich gerade Wasser und bin mir dessen bewusst, so ist das Achtsamkeit gegenüber dem Wassertrinken. Mache ich achtsam einen Schritt mit meinem linken Fuß, so ist das Achtsamkeit gegenüber dem Schritt mit meinem linken Fuß. In diesem Fall praktizieren wir nun Achtsamkeit gegenüber dem Ärger. »Ich atme ein und bin mir meines Ärgers bewusst. Ich atme aus und weiß, dass ich mich meines Ärgers annehme.« Zuerst kommt die Energie des Ärgers auf, und als Zweites ersteht in uns die Energie der Achtsamkeit. Die zweite Energie umarmt die erste, um sie zu besänftigen und ihr zu ermöglichen, sich aufzulösen; am Ende unterzieht sie den Ärger einer tiefen Betrachtung. Wir erzeugen nicht Achtsamkeit, um mit ihr unseren Ärger zu verjagen oder zu bekämpfen, sondern um uns seiner auf gute Weise anzunehmen.

Diese Methode ist weder dualistisch noch gewalttätig. Nichtdualistisch ist sie, weil wir durch sie erkennen, dass sowohl Achtsamkeit als auch Ärger Anteile in uns sind. Eine Energie umarmt die andere. Sei nicht wütend über deinen Ärger, deine Wut. Versuche nicht, sie zu vertreiben oder zu unterdrücken. Stelle einfach fest, dass sie aufgekommen ist, und nimm dich ihrer an. Tut dir der Magen weh, so bist du nicht auf ihn sauer. Du kümmerst dich um ihn. Hört eine Mutter ihr Baby schreien, so lässt sie alles stehen und liegen und nimmt es hoch. Sie weiß nicht unbedingt, was ihr Kind hat, aber sie nimmt es hoch und hätschelt es. Dann versucht sie herauszufinden, weshalb das Baby weint oder schreit, ob es dies aus körperlichem oder gefühlsmäßigem Unbehagen tut.

Betrachte deinen Ärger genauso aufmerksam, wie du es mit deinem Kind tun würdest. Lehne ihn nicht ab, hasse ihn nicht, als sei er dein Feind. Meditation ist nicht dazu da, dass du dich in ein Schlachtfeld verwandelst, auf dem eine Seite der anderen feindlich gegenübersteht. Bewusstes Atmen besänftigt und beruhigt den Ärger, und Achtsamkeit durchdringt ihn. Nach einer Viertelstunde, die man zum Erwärmen des Heizkörpers braucht, breitet sich die warme

Luft im kalten Raum aus, und es geschieht eine Verwandlung.

Du brauchst gar nichts aufzugeben, nicht einmal deinen Ärger. Ärger ist lediglich eine Energie, und jede Energie kann man verwandeln. Meditation ist die Kunst, eine Energie zur Umwandlung der anderen zu benutzen. Vertreibe nichts, unterdrücke nichts. In dem Augenblick, in dem die Mutter ihr Kind hochnimmt, fühlt das Kleine die liebevolle Energie und verspürt Erleichterung. Selbst wenn die Ursache des Unwohlseins noch da ist, reicht es allein schon, voller Achtsamkeit gehalten zu werden, um Erleichterung zu erfahren.

Im *Anapanasati Sutta (Das Sutra des bewussten Atmens)* lehrt der Buddha: »Atme ich ein, so beruhige ich die Aktivitäten meines Geistes.« »Aktivitäten des Geistes« bezieht sich auf jeglichen gefühlsmäßigen oder psychischen Zustand, also auf Ärger und Wut, Traurigkeit, Eifersucht, Neid und Furcht. Während du voller Achtsamkeit ein- und ausatmest, umarmst und beruhigst du diesen Zustand deines Geistes. Sobald du merkst, dass Ärger aufgekommen ist, lass Achtsamkeit entstehen, um den Ärger zu umarmen: »Ich atme ein und weiß, dass ich ärgerlich bin. Ich atme aus und weiß, dass ich meinen Ärger beruhige.« Dies kannst du bei der Sitz- oder Gehmeditation tun. Nach zehn Minuten lässt die Intensität des Ärgers nach, und mithilfe der Achtsamkeit werden sich dir viele Dinge offenbaren. Die Mutter sucht, nachdem sie ihr Baby für einige Minuten im Arm gehalten hat und ihm vielleicht ein Schlafliedchen vorgesummt hat, nach der Ursache des Unbehagens; möglicherweise hat das kleine Kind einen Fieberanfall, die Windel könnte zu fest sitzen oder es hat Durst. Hat die Mutter den Grund entdeckt, kann sie an der Situation unverzüglich etwas ändern. Es ist durchaus wichtig, dem Problem auf den Grund zu gehen. Dies ist die Frucht tiefen Schauens.

»Wenn ich einatme, weiß ich, dass ich ärgerlich bin. Atme ich aus, weiß ich, dass der Ärger in mir ist.« Zunächst praktizieren wir das Erkennen. »Hallo, Ärger, mein alter Freund.« Dann schauen wir tief in ihn hinein, um seine Herkunft zu ergründen. »Weshalb bin ich ärgerlich?« Das Erste, was du entdecken wirst, ist, dass dein Leiden seine Wurzeln in deinem Speicherbewusstsein hat, dass bestimmte Samen dort bereits vorhanden sind. Die Hauptursache deines Leidens ist das Vorhandensein von Geistesformationen wie Verblendung, Stolz, Argwohn und Gier in dir selbst. Die andere Person ist eine zweitrangige Ursache. Als Nächstes wirst du entdecken, dass auch die andere Person leidet. Vielleicht dachtest du, du seist die einzige Person, die leidet, aber das ist nicht zutreffend. Wenn jemand diese Art des Leidens um sich herum verteilt, dann weißt du, dass er leidet.

Achtsames Atmen und achtsames Gehen kann unseren Schmerz mildern und beruhigen, aber die andere Person geht noch immer durch die Hölle. Wenn wir ihr Leiden richtig verstehen, dann wird Liebe in uns aufwallen, und wir verspüren das Bedürfnis zu helfen. Verstehen ist der Schlüssel, der unser Herz öffnet. Dank der Praxis der Achtsamkeit kehrt der Ärger wieder zurück ins Speicherbewusstsein. Wenn er wieder auftaucht, verfahren wir auf die gleiche Weise, und schließlich wird der Same des Ärgers in uns schwächer. Dies ist die Praxis, unserem Ärger zu begegnen, und wir vermögen es dank der Achtsamkeit. Achtsamkeit schafft die Energiequelle für Liebe und Mitgefühl.

Eines Tages, als der Buddha sich am Jetahain in der Nähe von Shravasti aufhielt, rief Shariputra die Mönche zusammen und sagte: »Brüder, es gibt fünf Situationen, in denen Ärger aufkommen, aber auch vermieden werden kann:

Die erste ist die, wenn uns die Handlungsweise eines anderen stört, uns seine Worte aber nicht stören. Es gibt Menschen, deren Anblick wir nicht ertragen können. Die Art, wie sie gehen, dastehen und sich bewegen, macht uns gereizt, nicht aber, wenn sie sprechen. Ihre Worte sind nicht beleidigend. Tatsächlich kann das, was sie sagen, sogar klar und heilsam sein. Bei solchen Menschen richtet eure Aufmerksamkeit auf ihre Worte und ignoriert ihre Handlungen, die euch irritieren. Wenn ihr euch bei ihren Handlungsweisen aufhaltet, kommt Ärger auf, aber wenn ihr nur ihren Worten Beachtung schenkt, verschwindet der Ärger. Ihr stellt also eine Verbindung her zu den positiven Anteilen dieser Person.

Es gab einmal einen Mönch, der sich gern Roben aus verrottetem Material nähte. Jedes Mal, wenn er an einem Müllhaufen vorbeikam, der nach Urin und Fäkalien stank, zog er irgendeinen winzigen Materialfetzen hervor, den er entdeckt hatte, und wenn der Lumpen in einigermaßen gutem Zustand war, nahm er ihn mit zum Kloster, wusch ihn und nähte ihn mit anderen Lumpen zu einer Robe zusammen. Der Müllhaufen war nicht gerade angenehm, aber das Stück Lumpen war noch in gutem Zustand. Es gibt Menschen, deren Handlungsweise man mit Unbehagen betrachtet, aber ihre Rede ist dennoch freundlich. Und die Lumpenteile waren in gewaschenem Zustand durchaus in Ordnung.

Die zweite Situation ist die, dass es Menschen gibt, die Schlangengift in ihrer Rede haben, ihre Handlungsweisen aber sind freundlich und hilfreich. Ein intelligenter Mensch wird seine Aufmerksamkeit auf ihre Handlungen richten und ihre Worte ignorieren. Hier ganz in der Nähe gibt es einen See, der mit Stroh, Gras, Blättern, Entengrütze und Zweigen überzogen ist. Jemand, der unter der Hitze leidet, möchte dort gern ein Bad nehmen. Nachdem er seine Robe am Ufer abgelegt hat, schiebt er die trockenen Blätter, die Entengrütze, das Moos und die Zweige beiseite und steigt in das klare, kalte Wasser. Es wäre ein Jammer, auf das kühle Nass zu verzichten, nur wegen ein bisschen Moos, Entengrütze, Gras und Holz.

Die dritte Situation ist die, dass es Menschen gibt, die in Taten und Rede gleichermaßen unangenehm sind. Solche Menschen sollten wir ganz sorgfältig betrachten, um herauszufinden, welche guten Qualitäten, die sich vielleicht nicht gleich zeigen, bei ihnen vorhanden sind. Wer besäße nicht wenigstens ein paar positive Qualitäten? In diesem Fall ist die Praxis schwieriger, aber noch immer möglich. Stellt euch einen Mann vor, der eine lange Strecke zu Fuß gereist ist, dessen Kehle vor Durst schon wie ausgetrocknet ist. Er kommt an einem Erdloch vorbei, das vom Huf eines Wasserbüffels stammt; ein kleines bisschen Wasser befindet sich darin. Er sagt zu sich: ›Wenn ich versuche, mithilfe eines gewölbten Blattes den Schluck Wasser herauszulöffeln, so könnte ich ihn verschütten. Also knie ich mich lieber hin und trinke direkt aus der Pfütze.‹ Danach fühlt sich der Mann erfrischt und kann seine Reise fortsetzen. Wir müssen tief schauen, um positive Qualitäten in einem Menschen zu entdecken, dessen Rede und Handlungsweise gleichermaßen unangenehm sind. Können wir an ihm irgendeine positive Eigenschaft entdecken, dann können wir auch ihn akzeptieren. Auch wenn diese Situation schwieriger ist als die erste und die zweite, so wird ein weiser Mensch doch in der Lage sein, seinen Ärger gegenüber solch einer Person loszulassen.

Die vierte Situation ist die, wenn ein Mensch unheilsam ist in seinen Taten, Worten und Gedanken. Auf einer abgelegenen Landstraße wird ein Reisender todkrank. Kein Dorf ist in der Nähe, der Mann ist mutterseelenallein, niemand ist da, der sich um ihn kümmern könnte. Es gibt keine Hoffnung auf Überleben. Aber wie das Schicksal es will, kommt ein anderer Reisender vorbei. Als er den Mann am Straßenrand liegen sieht, hält er an. Er erkennt die verzweifelte Lage des Mannes, und sein Herz ist erfüllt von Mitgefühl. Ihm wird klar, dass der Mann sterben wird, wenn er ihm nicht beisteht. Er hilft ihm also auf und stützt ihn, Schritt für Schritt, bis zu einem nicht weit entfernten Dorf. Dann sucht der Reisende einen Arzt auf und bleibt drei bis vier Wochen bei dem Mann, bis dieser sich wieder erholt hat. Der Reisende freut sich über die Genesung des anderen.

Wenn wir einem Menschen begegnen, dessen Taten, Worte und Gedanken unangenehm sind, können wir sicher sein, dass er unerträglich leidet. Wenn wir ihn nicht lieben, ihm nicht helfen, wer tut es dann? Ist euer Herz voller Liebe, so akzeptiert ihr auch jemanden, dessen Taten, Rede und Gedanken unerträglich sind. Nur jemand ohne Mitgefühl würde davonlaufen. Jemand, der auch nur ein wenig Liebe praktiziert hat, hilft gewiss einem Menschen, der daran leidet, dass Körper, Rede und Geist an ihm unheilsam sind.

Die fünfte Situation ist die, wenn ein Mensch heilsam ist in allem – in Taten, Rede und Gedanken. Unweit eines Dorfes gab es einen See, dessen Oberfläche mit leuchtend rosa und weißen Lotusblüten übersät war. Das Ufer war von weichem, grünem Gras bedeckt, und der Teich lag inmitten eines Parks mit Schatten spendenden Bäumen, in denen Vögel sangen und Schmetterlinge umherschwirrten. Es war ein kleines Paradies. Wenn ihr in der Nähe eines solchen Sees wohnt, aber nicht herbeikommt, um euch ans Ufer zu setzen, nicht im kühlen, klaren Wasser schwimmt, nicht mit der Hand das erfrischende Wasser schöpft und davon trinkt, so wisst ihr nicht, wie man glücklich lebt. Wenn ihr einen Menschen trefft, dessen Taten, Rede und Gedanken heilsam sind, entschließt euch, etwas Zeit an seiner Seite zu verbringen.«[21]

21 *Das Sutra vom Gleichnis des Wassers, Madhyagama* 25, Taisho 26, siehe auch *Aghatavinaya Sutta, Anguttara Nikaya,* Band III, 186

Es ist äußerst wichtig, tief in das Leid der anderen Person hineinzuschauen. Dabei mögen ihre Taten freundlich oder unfreundlich sein, desgleichen ihre Gedanken, freundlich oder unfreundlich auch ihre Rede, und ihr Leiden mag gering oder groß sein. Hast du tief geschaut und ihr Leid wirklich erfasst, dann wird es dein Herz rühren, und der Schlüssel des Verstehens wird dein Herz öffnen. Im Westen gibt es zahllose Fälle von jungen Mädchen, die von ihren eigenen Vätern vergewaltigt, missbraucht werden. Solche Kinder leiden ein ganzes Leben lang und tragen in sich einen brodelnden Hass, der sich nie beruhigt. Wenn solch eine junge Frau es nun lernen könnte, tief in den Schmerz des Vaters hineinzuschauen, und sie so die Ursache seiner unheilsamen Handlung erkennen kann, sehen kann, dass er der Gefangene eines von Wut, Verlangen und Verblendung vergifteten Geistes ist, dann könnte ihr Herz sich öffnen, und der Hass gegenüber dem Vater könnte sich schrittweise auflösen.

Vor ungefähr vier Jahren kam ein junger Mann nach Plum Village, um dort mit uns zu üben. Er war so wütend auf seinen Vater, dass er nicht bereit war, ihm auch nur einen Brief zu schreiben. Zu der Zeit praktizierten die Besucher gerade Liebesmeditation in der Form, dass sie Briefe schrieben an Menschen, die sie nicht leiden konnten. Der Mensch, den dieser junge Mann am meisten hasste, war sein eigener Vater. Es gibt eine Übung in *Die Versöhnung mit dem inneren Kind,* eine Meditation über ein fünfjähriges Kind: »Einatmend sehe ich mich als fünfjähriges Kind. Ausatmend lächle ich dem fünfjährigen Kind zu.«[22] Dieses fünfjährige Kind ist noch immer in dir, und es hat vielleicht viel Schmerz erleiden müssen. Wenn du in Kontakt mit ihm kommst, erfüllt das dein Herz mit Mitgefühl.

22 Siehe Thich Nhat Hanh, *Versöhnung mit dem inneren Kind,* München 2011

Ein fünfjähriges Kind ist ein leicht verwundbares kleines Mädchen, ein verletzbarer kleiner Junge. Kinderherzen nehmen sehr leicht Schaden. Viele Eltern lassen ihre Kinder völlig ohne Achtsamkeit aufwachsen. Sie belasten sie mit all ihrem eigenen Schmerz, ihrer Wut. Im Alter von fünf Jahren ist so ein Kind bereits selbst voller Furcht und Kummer. Vielleicht versucht es, seine Gefühle den Eltern gegenüber auszudrücken, aber die Eltern haben überhaupt nicht die Fähigkeit, zuzuhören. Ein Kind hat in diesem Alter nicht den Wortschatz zur Verfügung, um sein Leid auszudrücken. Wenn es vielleicht stotternd etwas sagen will, unterbricht die Mutter es und schreit: »Halt den Mund! Was weißt du überhaupt!« Unter Erwachsenen ist solch eine Art des Umgangs vielleicht an der Tagesordnung, aber für ein fünfjähriges Kind mit seinem zarten Gemüt wirkt das wie eine eiskalte Dusche. Später gibt das Kind es auf, den Eltern noch zu vertrauen; zu tief ist die Wunde. Ein Erwachsener kann sich kaum vorstellen, wie ein Kind durch solch »geringfügige« Vorfälle tief verletzt werden kann. Das Kind aber kann sich verschließen und sein Herz keinem Erwachsenen gegenüber je mehr öffnen. Eltern wiederholen solche Vorfälle derart häufig, dass die Verbindung zwischen Eltern und Kind schließlich völlig blockiert wird. Ursache dafür ist stets ein Mangel an Achtsamkeit. Wenn ein Vater nicht in der Lage ist, seinen Ärger, seine Wut tief zu betrachten, zu untersuchen und zu beherrschen, dann durchtrennt er das Band der Kommunikation zwischen sich und seinem Sohn, und der Sohn leidet vielleicht sein ganzes Leben lang darunter. Und weil keine Kommunikation mit seinem Vater möglich ist, hat der Sohn möglicherweise auch Schwierigkeiten im Umgang mit Lehrern, mit Freunden und später mit seinem eigenen Sohn. Und auch das lässt ihn unter Umständen sein ganzes Leben lang leiden.

Ich bat den jungen Mann, eine Woche lang über sich selbst zu meditieren, darüber, wie er ein fünfjähriger kleiner Junge war. Dann gab ich ihm die folgende Übung: »Ich atme ein und sehe meinen Vater als fünfjähriges Kind. Ich atme aus und lächle dem Fünfjährigen zu, der mein Vater einst war.«

In uns tragen wir das Bild unseres Vaters als einer strengen Autoritätsfigur. Wir stellen ihn uns niemals als kleinen Jungen vor, dessen Gefühle genauso leicht verletzt werden konnten wie unsere im Alter von fünf Jahren. Es könnte dir helfen, das Bild deines Vaters als Fünfjährigem in einem Fotoalbum herauszusuchen. Während du ein- und ausatmest und deinem Vater als Fünfjährigem zulächelst, erkennst du, dass dein Vater in sich dieselben Wunden trägt wie du auch. In diesem Augenblick *wirst* du dein Vater.

In seinen Ausführungen über die vier unermesslichen Geisteshaltungen verwendet der Buddha den Ausdruck *sabbattataya* – »mit allem eins sein«.[23] Du wirst eins mit dem Objekt deiner Betrachtung. In diesem Fall wirst du zu deinem Vater. Du verstehst, dass er im Alter von fünf Jahren durch das grausame Verhalten anderer missbraucht wurde. Wenn dein Vater nun als Kind missbraucht wurde, aber niemals eine Anleitung bekam, wie er diese Wunden umwandeln, transformieren könnte, dann ist es natürlich, dass er seinen Schmerz auf andere überträgt, auch auf seine eigenen Kinder. Seine Kinder sind die Opfer des Schmerzes beim Vater, genau wie er Opfer war des Schmerzes *seines* Vaters.

Der junge Mann stellte ein Foto von seinem Vater auf den Tisch in seinem Zimmer. Obwohl er zunächst überhaupt keine Lust hatte, das Foto anzusehen, ging er schließlich nach einiger Zeit der Praxis jedes Mal, wenn er ins

23 *Majjhima Nikaya*

Zimmer trat, zum Tisch und betrachtete das Foto. Er sah seinem Vater in die Augen und praktizierte, seinen Vater kennenzulernen, seinen Vater, der vorher ein so fremder Mensch für ihn zu sein schien. Er lächelte, fühlte Mitleid für seinen Vater als gequältes Kind. Bevor er den Raum verließ, schaute er jedes Mal noch einmal auf das Foto seines Vaters und atmete voller Achtsamkeit. Eines Tages schrieb er dann einen Brief an seinen Vater, obwohl der längst gestorben war. Das Briefschreiben war ein Teil seiner Praxis, und als er ihm schrieb, öffnete sich plötzlich sein Herz. Er fühlte, wie eine große Last von ihm abfiel. Er hatte in das Leiden seines Vaters hineingeschaut, und er hatte ihm verziehen. Liebe und Verstehen wurden zur authentischen Kraft in ihm. Seine Sehnsucht danach, sich mit dem Vater zu versöhnen, war nicht mehr nur ein bloßer Wunsch; sie wurde wirklich. Das Gift der Wut verflog. Dies war eine Ausweitung von Shariputras Meditation. Durch das tiefe Hineinschauen in das Leid der anderen Person und durch das Erkennen der Ursachen für deren Qual hatte sich das Tor zur Liebe geöffnet.

Wenn wir selbst diese Übung durchführen wollen, ist es wichtig zu wissen, wie wir die positiven Samen der Freude und des Glücks in uns erkennen und berühren können. Sind wir dazu in der Lage, können wir andere unterstützen, dasselbe zu tun. Als Nächstes ist es wichtig, dass wir unser eigenes Leid wahrnehmen und die Ursachen für Wut, Verlangen und Verblendung erkennen. Können wir diese Ursachen ausmachen, können wir das Licht der Achtsamkeit auf sie richten. Wenn du dir selbst erlaubst, vom Nektar der Liebe und des Mitgefühls zu kosten, wenn du deinen eigenen Schmerz transformieren kannst, dann bist du so weit, dass du diese Energie der Liebe und des Mitgefühls anderen zur Verfügung stellen kannst, um ihnen bei ihrer Verwandlung zu helfen. Richtest du das Licht der Achtsamkeit auf andere, wirst du in der Lage sein, ihren Schmerz zu erkennen und damit die Ursachen ihrer Wut, ihres Verlangens und ihrer Verblendung. Wenn die Wurzeln deiner eigenen Wut umgewandelt sind, fällt es dir leichter, andere zu akzeptieren und zu lieben. Und wenn du andere akzeptieren und lieben kannst, löst sich dein eigener Schmerz, dein Leid auf. Erkennt dein Herz, was die Wut in dir verursacht hat, kann es schließlich friedvoll, ruhig und leicht werden. Shariputras Lehren in diesem Sutra sind schlicht, aber sehr tiefgründig.

Nährendes Glück

Das *Samiddhi Sutra* ist die Geschichte eines jungen Mönchs. Eines Morgens ging Samiddhi zum Fluss und wollte baden. Als er sich danach abtrocknete, erschien ihm plötzlich eine Göttin *(devi)* und sagte: »Bhikkhu, du bist noch so jung. Warum übst du schon in der Blüte deiner Jahre Verzicht? Warum genießt du nicht deine Jugend?« Darauf erwiderte Samiddhi: »Ich bin sehr glücklich. Ich praktiziere den Weg, den der Buddha lehrt, um glücklich im gegenwärtigen Augenblick zu leben. Die fünf Arten weltlichen Glücks bringen keine andauernde Erfüllung. Jagst du Ruhm, Reichtum, Sex, zu viel Schlaf und unachtsamem Essen hinterher, so bereitet dir das gewiss Leiden. Ich praktiziere in meinem täglichen Leben Achtsamkeit, und dabei erlebe ich Frieden, Freiheit und Glück.« Die Göttin fuhr fort, ihm Fragen über das Glück zu stellen, und Samiddhi erzählte ihr, dass wirkliches Glück nur möglich ist in Frieden, Gefestigtheit und Freiheit. Vier wichtige Themen werden im *Samiddhi Sutra* behandelt: die Vorstellung von Glück, die Existenz wirklicher Freude, die Praxis des Vertrauens und die Falle der Komplexe.[24]

Unsere Vorstellungen von Glück locken uns in eine Falle und schaffen uns Leid. Wir vergessen, dass Vorstellungen über Glück eben nur Vorstellungen sind. Manchmal hindern uns diese Vorstellungen sogar daran, glücklich zu sein. Wir verpassen die Gelegenheit, Freude zu empfinden, wenn

24 *Tsa A Han (Samyukagama,* 1078), Taisho 99 und auch *Samyutta Nikaya,* Band I, 8

sie gerade da ist – weil wir gefangen sind in dem Glauben, Glück müsse eine andere ganz spezielle Form annehmen.

Das zweite Thema in diesem Sutra ist das Vorhandensein wirklicher Freude. Die Göttin fragte den jungen Mönch Samiddhi, weshalb er das Glück des gegenwärtigen Augenblicks zugunsten eines vagen Versprechens aufgebe, Glück in der Zukunft zu erleben, und Samiddhi antwortete ihr: »Genau das Gegenteil ist zutreffend. Es ist gerade die Vorstellung von einem Glück in der Zukunft, die ich aufgegeben habe, damit ich ganz tief im gegenwärtigen Moment verweilen kann.« Samiddhi erläuterte, wie unheilsame Begierden Angst und Kummer mit sich bringen, während ein Leben heilsamer Freuden Glück jetzt im gegenwärtigen Augenblick schafft. Erwähnt wird in diesem Sutra auch der Begriff *akalika,* Befreiung von der Zeit.

Der dritte wesentliche Aspekt ist die Praxis des Vertrauens, der zuverlässigen Unterstützung. Sich dem Dharma anvertrauen ist nicht nur eine Idee. Wenn du in Übereinstimmung mit dem Dharma lebst, dann erfährst du Freude, Ruhe, Festigkeit und Freiheit. Auf das Dharma vertrauen kann auch bezeichnet werden als »Zuflucht nehmen zur Insel in uns selbst«. Es gibt eine Insel des Friedens in jeder und jedem von uns. Wir müssen Wege finden, wie wir jedes Mal, wenn wir es brauchen, zu dieser Insel zurückkehren können. Bevor der Buddha starb, sagte er zu den versammelten Mönchen und Nonnen: »Meine lieben Freundinnen und Freunde, nehmt Zuflucht zur Insel in euch selbst. Zu nichts anderem nehmt Zuflucht. Kehrt ihr zurück zu dieser Insel, findet ihr dort den Buddha, das Dharma und die Sangha.«

Ich bin mir selbst eine Insel,
eine Insel meiner selbst.
Der *Buddha ist meine Achtsamkeit.*

Erstrahlt ganz nah, erstrahlt ganz fern.
Das Dharma ist mein Atem, der Körper und Geist
beschützt.
Ich bin frei.

Ich bin mir selbst eine Insel,
eine Insel meiner selbst.
Die *Sangha sind meine Skandhas, die*
zusammenwirken in Harmonie.
Ich nehme Zuflucht zu mir selbst.
kehre zurück zu mir selbst.
Ich bin frei.

Diese Praxis kann man überall und jederzeit anwenden, sie ist aber ganz besonders hilfreich, wenn wir uns in einem Zustand der Bedrängnis und Aufregung befinden und nicht weiterwissen. Praktizieren wir dann diese Meditation, trägt sie uns sofort zu dem ruhigsten und gefestigtsten Ort, an den wir uns begeben können. Diese Insel ist Rechte Achtsamkeit, die Natur des Erwachtseins, die Grundlage einer Stabilität und Ruhe, die in uns allen schlummert. Diese Insel ist Rechtes Lehren, das den Pfad erhellt und uns hilft zu erkennen, was zu tun und zu lassen ist. Sind unsere fünf Skandhas in Harmonie miteinander, werden wir selbstverständlich zur Rechten Handlung neigen, die uns Frieden bringt. Durch bewusstes Atmen erlangen wir diese Ausgeglichenheit. Gibt es überhaupt etwas Wichtigeres, wonach wir trachten können?

Das vierte bedeutsame Thema im Sutra ist die Falle der Komplexe – also zu glauben, man sei besser oder schlechter als andere oder ihnen gleich. Komplexe entstehen, weil wir denken, wir seien ein getrenntes, eigenständiges Selbst. Glück aber, das auf der Annahme eines getrennten Selbst aufbaut, steht auf schwachen Füßen, trägt nicht. Durch die Meditationspraxis erkennen wir, dass wir verbunden, verwoben sind (»inter-sind«) mit allen anderen Wesen, und unsere Ängste, Besorgnisse, unsere Wut und unser Kummer verschwinden. Wenn du wahres Glück praktizierst, auf das Dharma vertraust und erfasst, dass alle Dinge ihrer wahren Natur nach miteinander zutiefst verbunden sind und dass alles von allem abhängig ist, wirst du mit jedem Tag freier und gefestigter. Mehr und mehr gelangst du in eine Art Paradies, in dem die tiefe und klare Liebe, wie sie der Buddha beschrieben hat, überall zu finden ist. Buddhas Lehren über die Liebe sind authentisch und vollständig. Diese Art von Liebe führt stets zu wirklichem Glück.

Die folgenden drei Übungen sind ebenfalls eine Fortsetzung der Liebesmeditation auf der Grundlage des *Visuddhimagga:*

Möge ich erfahren, wie ich die Samen der Freude täglich in mir nähren kann.
Möge er / sie erfahren, wie er / sie die Samen der Freude täglich in sich nähren kann.
Mögen sie erfahren, wie sie die Samen der Freude täglich in sich nähren können.

Möge ich fähig sein, frisch, gefestigt und frei zu leben.
Möge er / sie fähig sein, frisch, gefestigt und frei zu leben.
Mögen sie fähig sein, frisch, gefestigt und frei zu leben.

Möge ich frei sein von Anhaftung und Ablehnung, nicht aber gleichgültig.
Möge er / sie frei sein von Anhaftung und Ablehnung, nicht aber gleichgültig.
Mögen sie frei sein von Anhaftung und Ablehnung, nicht aber gleichgültig.

Diese Übungen können uns helfen, die Samen der Freude und des Glücks in unserem Speicherbewusstsein zu wässern.

Wir praktizieren die fünf Übungen zur Achtsamkeit[25] und leben so achtsam, dass wir vermeiden, Gifte anzusammeln, die Leiden verursachen. Unser Leben sollten wir so gestalten, dass wir den Mut und Anreiz haben, mit den Gefühlen der Freude in uns selbst im Kontakt zu bleiben und sie zu nähren. Freude und Glück, so heißt es, sind die Nahrung eines Zen-Mönchs. Vor dem Einnehmen einer Mahlzeit sagen wir: »Mögen alle Wesen genährt werden von der Freude bei der Meditation.« Die Freude, die durch gesammelte Konzentration entsteht, gibt uns kraftvolle Unterstützung im Alltag.

Was ist die Natur dieser Freude? Wie können wir in unserem Leben die Empfindungen meditativer Freude beibehalten? Wie können wir sichergehen, dass jeder Tag uns ein Lächeln, uns Freude und Glück in den Augen jedes unserer Familienangehörigen beschert? Benutze all deine Gaben, um dir selbst und allen, die um dich sind, Glück zu schenken. Dies ist das Glück, das aus der Meditation erwächst, nicht das achtlose Jagen hinter irgendwelchen Vergnügungen her, die letztlich Gift für uns sind. Die durch Meditation hervorgerufene Freude ist heilsam und beinhaltet die Kraft, Achtsamkeit und Verstehen in uns zu stärken. Grundlage des Glücks ist Liebe. Gestaltet euer Leben so, dass ihr den Mut und den Antrieb habt, dem Einzelnen und auch der Gemeinschaft Glück zu bereiten. »Ich gelobe, morgens einem Menschen Freude zu bereiten und nachmittags den Kummer eines anderen lindern zu helfen.« Fragt euch: »Wen kann ich heute Morgen zum Lächeln bringen?« Das ist die Kunst, Glück zu schaffen.

Wenn es dir gelingt, eine Freundin zum Lächeln zu brin-

25 siehe Kapitel 11

gen, dann kehrt ihr Glücksgefühl zu dir zurück und nährt dich. Glück ist keine individuelle Angelegenheit. Es hat die Natur des Interseins, des Miteinander-verbunden-Seins, -verwoben-Seins. Ist jemand in deiner Familie unglücklich, kannst auch du nicht glücklich sein. Suche nach Wegen, anderen zu Frieden, Freude und Glück zu verhelfen. Das allein schon wird auch dir Frieden, Freude und Glück bereiten. Die Praxis ist nicht nur für einen Menschen da, sondern für alle, auch für unsere Vorfahren und alle künftigen Generationen.

Wir beginnen mit der Praxis, indem wir uns selbst jeden Tag mit Glücksgefühlen nähren. Wenn immer möglich, gehen wir hinaus und erfreuen uns an der Gehmeditation, atmen die frische Luft, umarmen einen Baum, oder wir betrachten die Sterne am Nachthimmel. Wir sind hungrig nach dieser Art von Glück, die solche Erfahrungen mit sich bringt. Welche Dinge tust du, tun deine Freundinnen und Freunde, um euch und andere zu nähren? Bitte sprecht ganz konkret über diese Frage.

Wenn du gelernt hast, dir selbst jeden Tag Gefühle der Freude und des Glücks zu bereiten, dann beginnen sich dein Leid, dein Kummer und deine Geistesformationen zu transformieren. Freude hält Einzug in deinen Körper, deinen Geist, und sie beginnt den Kummer zu verwandeln, selbst wenn du dein Leid nicht bewusst berührst. Wenn du verletzt bist oder gefährliche Bakterien in dir trägst, ziehen sich die Antikörper um die Bakterien herum zusammen und verwandeln deren schädliche Wirkung. Gibt es nicht genügend Antikörper, produziert dein Körper neue, um die Infektion zu neutralisieren. Ebenso ist es, wenn du deinen Körper und Geist mit Gefühlen der meditativen Freude überschwemmst – dein Körper und dein Geist werden dadurch gestärkt. Freudige Gefühle haben die wundersame Fähigkeit, Gefühle des Kummers und des Schmerzes in uns umzuwandeln.

Die nächste Stufe dieser Übung ist, die Aussage zu verändern in: »Möge ich erfahren, wie ich die Samen der Freude täglich in ihm oder ihr nähren kann.« Setze den Namen der Person ein, die du dir ausgesucht hast – deine Freundin oder deinen Freund, deinen Bruder, deine Schwester, eine Lehrerin oder einen Lehrer –, und nähre die Samen der Freude in diesem Menschen. Wir haben oft das Bedürfnis, die Last unseres Kummers abzulegen, indem wir sie mit einem vertrauenswürdigen Menschen teilen. Dabei vergessen wir aber, dass dieser Mensch vielleicht auch mit seinem eigenen Schmerz umzugehen versucht und selbst bedürftig danach ist, mit Gefühlen der Freude genährt zu werden. Wenn du ihn ständig und täglich mit der Last deines Leides überhäufst, erschöpfst du ihn damit vollkommen. Auch die andere Person braucht heilsame, frische Anregungen als Nahrung. Wenn du sie dir also auch für zukünftige Unterstützung erhalten möchtest, achte darauf, ihr nicht zu viel von deinem Leid aufzubürden. Andernfalls gerät sie an ihre Grenze und kann es nicht mehr aushalten.

Lerne, dich selbst und den anderen Menschen mit Freude zu nähren. Bist du in der Lage, ihn zum Lächeln zu bringen? Bist du fähig, in ihm Vertrauen und Begeisterung gedeihen zu lassen? Wenn du nicht in der Lage bist, diese kleinen Dinge für ihn zu tun, wie kannst du dann sagen, dass du diesen Menschen liebst? Jemanden zu lieben bedeutet, ihm auf ganz konkrete Weise Freude zu bereiten, ihm Glück zu bringen. Tust du das auf geschickte Weise, so werden deine Worte und Taten bewirken, dass er sich frisch und leicht fühlt. Manchmal erfordert das lediglich ein, zwei Worte, und die andere Person blüht auf wie eine Blume.

Praktiziere das zunächst mit einem Menschen, den du magst. Danach kommt jemand, den du liebst, später eine Person, der gegenüber du neutrale Empfindungen hast. Auch ein Mensch, der für uns »neutral« ist, braucht Liebe, will erquickt und glücklich sein, genau wie wir selbst. Hast du dann erst einmal tief in diesen Menschen hineingeschaut, seine tiefsten Bedürfnisse erkannt, ist er auf einmal gar nicht mehr »neutral« für dich. Schließlich mache einen Menschen, den du hasst, zum Objekt deiner Meditation. Erst einmal verachtest du ihn, aber nachdem du mithilfe der Achtsamkeit tief in diesen Menschen hineingeschaut hast, werden Verstehen und Einsicht Liebe und Mitgefühl hervorrufen. Der Mensch, den du einst hasstest, wird zu jemandem, für den du Liebe empfindest.

Deine Liebe wird alle fünf Kategorien von Menschen umfassen und durchdringen. Der Unterschied zwischen denen, die du hasst, und denen, die dir lieb und teuer sind, verschwindet. Die fünf Kategorien werden gleich. Der oder die Bodhisattva achtet die Qualität des »lieb« und des »nicht lieb« gleichermaßen, trägt keinen Hass im Herzen, auch nicht denen gegenüber, die sich gedankenlos und grausam verhalten haben. Wenn du nicht die vier unermesslichen Geisteshaltungen praktizierst, wie willst du dann je einen Menschen, der dir lieb ist, und jemanden, der dir nicht lieb ist, als gleichwertig betrachten?

»Möge ich erfahren, wie ich die Samen der Freude täglich in mir nähren kann. Möge ich erfahren, wie ich die Samen der Freude im anderen Menschen nähren und ihm helfen kann, die Samen der Freude in sich selbst zu nähren. Möge ich fähig sein, die Samen der Freude in der Person zu nähren, die ich hasse, und ihr zu helfen, die Samen der Freude in sich selbst zu nähren.«

Lässt du eine solche Geisteshaltung in dir entstehen, werden sich Wut und Hass in dir verringern und auflösen; du erlangst wahren Frieden, wahre Freude. Solange die Spuren des Hasses und der Wut noch in dir vorhanden sind, bist du gar nicht in der Lage, wirklichen Frieden zu finden. Wenn du schließlich imstande bist, den Menschen zu lieben, den du als deinen Feind betrachtet hast, fühlst du dich vielleicht ganz heldenhaft. Dann aber erkennst du, dass den anderen Menschen zu lieben im Grunde bedeutet, dass du dich selbst liebst. Wenn du dein Herz öffnest und den Menschen akzeptierst, den du einst hasstest, wird dein Herz ganz natürlich Erleichterung verspüren, und du wirst als Erste, als Erster die wohltuende Wirkung dessen spüren. Das ist die wahre Bedeutung von Gleichmut – Gleichwertigkeit, ohne Unterscheidung und Vorurteile.

»Möge ich fähig sein, frisch, gefestigt und frei zu leben.« Das Wort »frisch« ist in diesem Zusammenhang eine Übersetzung des vietnamesischen Wortes für »kühl, ohne Fieber«. Wir wissen, wie unwohl wir uns fühlen, wenn wir Fieber haben. Schädliche Begierden und Vorlieben, Ärger, Wut, Eifersucht und Neid sind eine Art Fieber. Im *Lotus-Sutra* heißt es im Kapitel *Universelles Tor,* dass, wenn dich jemand mit seinen Worten oder Taten in eine Feuergrube stößt, du aber den Namen Avalokitesvaras anrufst, das Feuer verwandelt wird in einen Lotusteich. Avalokiteshvara verkörpert die Energie von Liebe und Mitgefühl. Wenn du in der Feuergrube von Ärger, Wut, Hass, schädlicher Leidenschaft, Neid, Eifersucht und Argwohn gefangen bist, meditiere über die vier unermesslichen Geisteshaltungen, und diese Flammen werden ersticken. Du findest dich wieder, wie du in einem kühlen See schwimmst.

Sind wir gefangen in der Falle der fünf schädlichen Begierden, so verbrennen wir. Wir müssen unsere Grenzen kennen. Als Schutz praktizieren wir die fünf Übungen der Achtsamkeit und nehmen Zuflucht zu einer Sangha. Jeden Herbst fliegen Tausende von wandernden Waldtauben in Formationen über Plum Village. Jede Taube, die sich vom Schwarm entfernt, gerät leicht in Gefahr. Es gibt nämlich Jäger in der Nähe von Plum Village, die die Vögel mithilfe von dressierten Tauben herunterlocken. Die Waldtauben verlassen ihre Gemeinschaft und werden zur leichten Beute der Jäger. Dasselbe gilt auch für uns. Wenn wir glauben, wir könnten allein und ohne Unterstützung der Sangha leben, so erkennen wir unsere Grenzen nicht. Mit einer Sangha zu praktizieren ist wie das erfrischende Bad in einem Fluss, vorausgesetzt, wir verstehen eine Sangha gut zu organisieren und in Harmonie miteinander zu leben. Es ist leicht, Samen der Freude in unserer Lebenspraxis zu säen und zu pflanzen, aber es erfordert die Intelligenz, Einsicht und das Organisationstalent eines jeden Sanghamitglieds. Jedes Mitglied, das eine gute Idee hat, die der Gemeinschaft Freude und Glück bescheren kann, sollte diese Idee allen anderen mitteilen.

»Möge ich fähig sein, frisch, gefestigt und frei zu leben.« »Gefestigt« bezieht sich hier auf die Festigkeit, die eines der Kennzeichen von Nirwana ist. Bist du nicht gefestigt, wirst du nicht viel erreichen. Du brauchst nur jeden Tag unbeirrt einige Schritte auf dein Ziel hin zu tun. Als Nonne oder Mönch erinnerst du dich an dein Gelübde, dein Leben der Dharmapraxis zu widmen, um allen Wesen Freude und Glück zu bereiten. Um dein Gelübde zu verwirklichen, musst du studieren, praktizieren, innerhalb einer Sangha leben und jeden Tag feste Schritte auf dem Pfad tun.

Jeden Morgen erinnerst du dich daran, dass du ein Mönch bist oder eine Nonne, und du verpflichtest dich dem Pfad immer wieder aufs Neue, damit du nicht vom Weg abkommst. Bevor du abends ins Bett gehst, nimm dir ein paar Minuten Zeit, um den Tag Revue passieren zu lassen. »Habe ich heute so gelebt, wie es meinen Idealen entspricht? Wenn du zwei oder drei Schritte in diese Richtung erkennen kannst, kannst du zufrieden sein. Ist dem nicht so, sage dir: »Morgen mache ich es besser.« Wenn du am nächsten Morgen aufwachst, beschließe, einige handfeste Dinge in Richtung auf deine Ideale zu unternehmen. Vergleiche dich dabei nicht mit anderen. Betrachte nur dich selbst in Bezug darauf, ob du in die von dir gewünschte Richtung gehst.

Wenn du dir wünschst, dass dein Leben mit jedem Tag stabiler wird, nimm Zuflucht zu Dingen, die stabil sind. Verlässt du dich auf etwas Unsolides, so stürzt du. Die Drei Juwelen – Buddha, Dharma und Sangha – sind sehr solide; nimmst du zu ihnen Zuflucht, so gewinnst du Stabilität. Dein Haus muss auf solider Grundlage erbaut werden, nicht auf Schlamm oder Sand. Sicher gibt es auch einige Sanghas, die noch nicht so gefestigt sind, aber im Allgemeinen ist es eine großartige Sache, zu einer Sangha Zuflucht zu nehmen. Überall praktizieren Sanghamitglieder sehr ernsthaft. Dein Vertrauen wird gestärkt, wenn du die Stärke der Sangha erkennst, die sich über Zeit und Raum erstreckt.

»Möge ich fähig sein, frisch, gefestigt und frei zu leben.« »Frei« bedeutet hier, die Falle der schädlichen Begierden zu überwinden. Mönche und Nonnen erfreuen sich einer solchen Freiheit. Freiheit bedeutet, ohne Anhaftung zu sein – weder an einen Tempel oder ein Diplom noch an eine bestimmte gesellschaftliche Stellung. Ab und zu begegnen wir Menschen, die sehr frei sind. Sie können stets tun, was gerade erforderlich ist, ohne an irgendetwas zu haften.

»Möge ich frei sein von Anhaftung und Abneigung, aber nicht gleichgültig.« Wenn du völlig gleichgültig bist, dann gibt es nichts, was du genießen oder wofür du dich interessieren könntest, nichts, wonach du streben könntest. Als Folge erfährst du weder Liebe noch Verstehen. Ohne Liebe aber hat das Leben keine Bedeutung, gibt es keine Freude. Der Abendstern funkelt am Himmel, aber wir bleiben ungerührt. Uns berührt weder die Schönheit der Herbstblätter noch das Lachen der Kinder. Wir stecken fest in unserer gleichgültigen Haltung, sind unfähig, das Leid oder die Freude anderer zu berühren. Gleichgültigkeit ist eine Art

Unglück, eine Katastrophe. Befindest du dich in einem solchen Zustand, bitte deine Freundinnen oder Freunde um Hilfe. Auch angesichts all des Leides ist das Leben voller Wunder. Geburt und Tod sind Wunder, und unter den Wogen von Geburt und Tod liegt die wunderbare letztendliche Dimension.

Kurz bevor mein Schüler Chân Sinh (Wahres Leben) in Montreal starb, schickte ich ihm diesen Vers:

Soheit ist die letztendliche Wirklichkeit.
Wie könnten Geburt und Tod dich berühren?
Im rosigen Morgenschimmer erwacht,
kommt Frieden zu dir, ohne dass du auf ihn gewartet hast,

Neben das Gedicht schrieb ich die Worte: »Bruder Chân Sinh, ich halte deine Hand, und wir beide, Lehrer und Schüler, können gemeinsam allen Schmerz und jede Gefahr transzendieren.«

Geburt ist ein Wunder, und Tod ist ein Wunder, und auch die letztendliche Dimension, die beidem zugrunde liegt, ist eins. Kannst du dieses Wunder berühren, löst sich deine Gleichgültigkeit auf, und Stück für Stück wirst du gefestigter und freier in deiner Haltung, deinem Leben.

»Möge ich frei sein von Anhaftung und Abneigung.« Die Art der Liebe, die wir, folgen wir dem Rat des Buddha, entwickeln sollen, ist weder besitzergreifend noch anhaftend. Wir alle, ob jung, ob alt, haben eine Neigung zur Anhaftung. Schon bei unserer Geburt sind Unwissenheit und Anhaftung an das Selbst vorhanden. Immer wenn wir jemanden lieben, neigen wir dazu, anzuhaften. Werden wir geliebt, so wollen wir das einzige Objekt der Aufmerksamkeit des Menschen sein, der uns liebt. Niemand anderen soll dieser Mensch lieben. Besitzergreifende Liebe ist wie eine

Diktatur. Wir möchten den Menschen, den wir lieben, kontrollieren, ihm vorschreiben, was er zu tun und zu lassen hat. In gesunden Liebesbeziehungen gibt es einen gewissen Anteil an besitzergreifenden Gefühlen und auch Anhaftung, aber wenn er zu übermächtig wird, werden beide Beteiligte leiden, der Mensch, der so exzessiv liebt, und der von ihm so geliebte Mensch.

Ein Vater denkt vielleicht, er »besitze« seinen Sohn. »Du musst mir aufs Wort gehorchen. Studiere dies, tu das, oder du bist nicht mehr mein Sohn.« Ein junger Mann sagt vielleicht zu seiner Freundin: »Du kannst um diese Zeit nicht einkaufen gehen, du darfst nicht dieses Parfüm benutzen, du kannst diese Farbe nicht tragen.« Wenn du auf diese ungesunde, vergiftete Art und Weise liebst, legst du den geliebten Menschen in Ketten. Die Liebe, die dir einst als Schutzburg erschien, ist jetzt nur noch ein Gefängnis.

Wenn ein Paar heiratet, erscheint auf den ersten Blick vielleicht alles ideal und ansprechend wie ein wunderschönes Schloss. Blättert aber erst einmal die Farbe ab, kommen die massiven Gitter des Gefängnisses zum Vorschein. Beide, Ehemann und Ehefrau, fühlen sich in der Falle, und sie können nicht fliehen. Der Ehevertrag wird so zur lebenslänglichen Haftstrafe, ohne Chance auf Begnadigung. Wenn ich so um mich schaue, sehe ich viele solcher Konstellationen. Sich trennen oder zusammenbleiben, beides ist gleichermaßen unerträglich. Dies gilt natürlich nicht nur für Ehen, sondern es kommt genauso vor in Eltern-Kind-Beziehungen, zwischen Freundinnen, Freunden und unter Lehrenden und Lernenden. Es ist ganz wichtig für uns, so zu lieben, dass wir die Freiheit des geliebten Menschen erhalten und dass beide Seiten ihre Individualität bewahren können. Liebe, die Freiheit zulässt, ist die Form von Liebe, die uns der Buddha lehrt.

Was soll nun ein Mensch tun, der sich bereits in einer

Beziehung befindet, in der es Besitzanspruch, Diktatur und Anhaftung gibt? Praktiziere das tiefe Schauen, um herauszufinden, in welchem Ausmaß deine Liebe bereits despotisch und anhaftend ist. Bist du schon einmal mit einem Rasenmäher über ein Seil gefahren? Es kann mehr als eine Stunde dauern, das Seil wieder herauszubekommen, damit die Messer sich wieder frei drehen können. So ist es auch mit der Anhaftung. Sie blockiert den Fluss des Lebens. Schau ganz tief in deine Liebe hinein, um ihre Natur zu entdecken. Hast du das Ausmaß deiner Anhaftung erkannt, deines Despotismus und deines Besitzanspruchs, kannst du damit beginnen, die Knoten wieder auseinanderzuknüpfen. Wenn du deine Herrschaft ein wenig lockerst, weniger anhaftest und etwas weniger besitzergreifend wirst, dann wird auch das Leiden etwas weniger. Auch wenn du vielleicht noch nicht glücklich bist, ist es ein guter Anfang, das Leid zu verringern. Vorher hast du 99 Prozent der Zeit gelitten, und jetzt sind es nur noch 80 Prozent. Das ist schon bedeutsam. Wir leiden unter unserer Gleichgültigkeit und dem Mangel an Liebe, aber wir leiden weitaus mehr unter der Anhaftung.

Ohne Achtsamkeit wird aus der Anhaftung mit Sicherheit Abneigung. Wenn die Liebe noch frisch ist, denken wir, das Leben ohne unseren geliebten Menschen sei nicht zu ertragen. Wenn aber aus der Anhaftung Abneigung wird, ist das Leben mit unserem geliebten Menschen unerträglich, und Scheidung oder Trennung scheint die einzige Lösung zu sein. Beide Pole, der der Anhaftung und der der Abneigung, führen zu Leid. Selbst wenn du dich von deinem Ehegatten scheiden lässt oder dein Kind verstößt, so bleibt die Quelle des Leidens davon unberührt. Beginnst du dann eine neue Beziehung und bekommst wieder ein Kind, wird sich die anhaftende und kontrollierende Art deiner Liebe auf die neue Beziehung auswirken und wiederum dieselbe Art von Leid hervorbringen. Das Problem ist nicht, ob man sich scheiden lassen oder sein Kind verstoßen soll. Das Problem ist, dass wir tief in die Natur unserer Art von Liebe schauen müssen, um die negativen Anteile der Anhaftung und der Besitzgier darin zu erkennen; auch sollten wir sehen, wie unsere Art zu blicken, zu lieben, zu sprechen und zu handeln sich ändern muss, damit wirkliche Liebe, Mitgefühl, Freude und Gleichmut Einzug halten können. Wenn wir so praktizieren, dann werden Liebe, Mitgefühl, Freude und Gleichmut allmählich wachsen.

Praktizieren wir die vier unermesslichen Geisteshaltungen, bringt das uns und anderen jeden Tag aufs Neue Glück. Es transformiert unser Leiden, lässt uns in glücklichem Gewahrsein lächeln, führt uns zu Freiheit und Leichtigkeit. Aber nur wenige Menschen lieben auf solche Weise. Stattdessen herrschen Anhaften, Leid, Schmerz und Traurigkeit. Dies ist die Natur von gestörter Liebe. Praktizieren wir gemäß den Buddhalehren und mit der Unterstützung einer Sangha, werden wir die Natur von Liebe, Mitgefühl, Freude und Gleichmut kennenlernen. Die Samen dieser Qualitäten befinden sich ja bereits in unserem Speicherbewusstsein. Das Studium und das Praktizieren dieser vier unermesslichen Geisteshaltungen wird jene Samen in uns gießen, bewässern. Durch die Praxis des tiefen Schauens werden die Samen des Leidens, des Schmerzes, der Traurigkeit und der Anhaftung schrumpfen und Raum schaffen für das Wachstum von Liebe, Mitgefühl, Freude und Gleichmut.

Sage bitte nicht: »Liebe, Mitgefühl, Freude und Gleichmut – das ist die Art, wie Heilige lieben. Ich bin aber kein Heiliger, und deshalb kann ich auch nicht auf diese Art lieben.« Der Buddha und die Bodhisattvas praktizierten auf dieselbe Weise, wie wir es tun. Zunächst hatte auch ihre Liebe den Beigeschmack der Anhaftung, der Kontrollsucht und des Besitzanspruchs. Dank ihrer Praxis waren sie dann jedoch in der Lage, diese Gifte umzuwandeln und zu einer Liebe zu gelangen, die Raum lässt, die allumfassend und wunderbar ist.

Die Lehren des Buddha über die Liebe sind ganz klar. Es ist möglich, vierundzwanzig Stunden am Tag im Zustand der Liebe zu leben. Jeder Moment, jeder Blick, jeder Gedanke und jedes Wort können von Liebe durchdrungen sein. Die vier unermesslichen Geisteshaltungen sind Zustände tiefer Sammlung: Sammlung *(samadhi)* in der Liebe, im Mitgefühl, in der Freude und im Gleichmut. Befindest du dich im Zustand der Sammlung in Bezug auf diese Bereiche, so lebst du am schönsten, friedlichsten und freudvollsten Ort im ganzen Universum.

Die Heimatadresse des Buddha und der Bodhisattvas lautet: die vier unermesslichen Geisteshaltungen. Möchtest du dem Buddha und den Bodhisattvas dort begegnen, in den Stätten und Gärten, in denen sie sich aufhalten, so musst du dich zu den vier unermesslichen Geisteshaltungen begeben.

Aufmerksames Zuhören und liebevolles Sprechen

An vielen amerikanischen Universitäten werden Kurse zu dem Thema »Kommunikationsfähigkeit« angeboten. Ich weiß nicht genau, was sie in diesen Kursen lehren, aber ich hoffe, sie beinhalten auch die Kunst des aufmerksamen, tiefen Zuhörens und des liebevollen Sprechens. Diese sollten wir täglich praktizieren, um wirkliche Kommunikationsfähigkeit zu entwickeln. Im Vietnamesischen gibt es ein Sprichwort: »Es kostet nichts, liebevoll zu reden.« Wir brauchen nur unsere Worte sorgfältig zu wählen, um andere Menschen glücklich zu machen. Die Art, wie wir reden und zuhören, kann anderen Freude, Glück, Selbstvertrauen, Hoffnung, Vertrauen und Erhellung schenken.

Nie zuvor in der Menschheitsgeschichte verfügten wir über so viele Kommunikationsmittel – Fernsehen, Radio, Telefon, Fax, E-Mail, Internet –, und dennoch bleiben wir isolierte Inseln. Es gibt wenig wirkliche Kommunikation unter den Angehörigen einer Familie, den Menschen in der Gesellschaft oder den Nationen. Es gibt so viele Kriege und Konflikte. Das Tor der Kommunikation muss wieder geöffnet werden. Wenn wir nicht kommunizieren können, werden wir krank, und durch das Schlimmerwerden unserer Krankheit leiden wir und übertragen unser Leid auf andere Menschen. Wir bezahlen Psychotherapeuten, damit sie uns zuhören, aber wir dürfen nicht vergessen, dass auch sie nur Menschen sind, die Probleme haben wie wir auch.

Vor einiger Zeit habe ich im Karma-Ling-Zentrum nahe Grenoble Kindern empfohlen, sie sollten jedes Mal, wenn sie Schmerz in sich verspürten, zu einer Freundin, einem Freund oder zu den Eltern gehen und darüber sprechen, damit die anderen dann die Möglichkeit hätten, ihren Schmerz in diesem Augenblick wahrzunehmen. Kinder leiden genauso wie Erwachsene. Auch sie fühlen sich einsam, abgeschnitten, hilflos. Wir müssen ihnen beibringen, wie sie sich mitteilen können, wenn sie so sehr leiden.

Angenommen, dein Partner sagt am Montag etwas Unfreundliches zu dir, und du fühlst dich verletzt. Antwortest du sofort, riskierst du, dass die Situation noch schlimmer wird. Die beste Praxis besteht darin, tief ein- und auszuatmen, um dich zu beruhigen. Hast du deine Ruhe wiedergefunden, kannst du sagen: »Liebling, was du gerade zu mir gesagt hast, hat mich verletzt. Ich möchte es mir tief und eingehend betrachten, und ich möchte, dass auch du das tust.« Dann könnt ihr euch für Freitagabend verabreden, um es euch gemeinsam anzuschauen. Wenn ein Mensch die Wurzeln deines Leids betrachtet, ist das gut; besser noch ist es, wenn zwei Menschen schauen, und am besten ist es, wenn zwei Menschen gemeinsam schauen.

Den Freitag habe ich aus zwei Gründen vorgeschlagen: Zunächst bist du ja noch sehr verletzt, und wenn du jetzt anfangen würdest zu diskutieren, wäre das zu riskant. Dann sagst du vielleicht Dinge, die die Situation nur noch verschlimmern. Von heute bis Freitagabend hast du Gelegenheit, tief in die Natur deines Leids hineinzuschauen, und auch der andere Mensch kann das tun. Während er Auto fährt, fragt er sich: »Was ist denn bloß so schlimm daran? Warum hat sie sich so aufgeregt? Dafür muss es doch einen Grund geben.« Und während der Fahrt hast auch du die Möglichkeit, es eingehend zu betrachten. Bis Freitagabend habt ihr jeweils die Chance, die Wurzel des Problems zu erkennen, der oder dem anderen davon zu erzählen und euch zu entschuldigen. Am Freitagabend könnt ihr euch dann bei einer Tasse Tee miteinander vertragen. Wenn ihr euch also verabredet, habt ihr beide Zeit, euch wieder zu beruhigen und tief in die Dinge hineinzuschauen. Das ist Meditationspraxis. Meditation bedeutet, zur Ruhe zu kommen und tief in die Natur unseres Leids zu schauen.

Ist der Freitagabend dann da und das Leid ist noch nicht umgewandelt, dann seid ihr in der Lage, die Kunst Avalokiteshvaras zu praktizieren – eine Person spricht sich aus, während die andere ganz aufmerksam, ganz tief zuhört. Wenn du sprichst, so erzählst du die ganze Wahrheit und sprichst dabei liebevoll, auf eine Weise, die der andere Mensch verstehen und annehmen kann. Während du zuhörst, weißt du, dass deine Art des Zuhörens sehr gut sein muss, um der anderen Person ihren Schmerz zu nehmen. Der andere Grund dafür, den Freitag zu wählen, liegt darin, dass ihr, wenn es euch gelingt, eure Gefühle am Freitagabend wieder zu neutralisieren, alles in Ordnung zu bringen, den Samstag und Sonntag zur Verfügung habt, um miteinander Freude zu erleben.

Angenommen, du hast Schwierigkeiten mit jemandem aus der Familie oder der Gemeinschaft, und du fühlst dich mit der Person unwohl. Du kannst dich mit ihr zwar über oberflächliche Dinge unterhalten, aber du würdest über nichts Tiefergehendes mit ihr reden wollen. Eines Tages stellst du dann bei der Hausarbeit fest, dass die andere Person sich nicht an der Arbeit beteiligt, und du wirst ungehalten. »Warum mache ich hier so viel, und die tut gar nichts?« Du vergleichst, und deshalb verlierst du deine gute Grundstimmung. Statt aber jetzt der anderen zu sagen: »Komm, hilf mir bei der Arbeit«, sagst du lieber zu dir selbst: »Warum soll ich etwas zu ihr sagen? Sie sollte lieber mehr Verantwortung übernehmen.« Das ist jetzt deine Art zu denken, da du ja bereits bestimmte Vorstellungen über die andere Person in dir hast. Der kürzeste Weg ist nun aber immer der direkte Weg: »B« kann zu »A« gehen und sagen: »Schwester, bitte hilf mit.« Aber das tust du nicht. Du hältst es zurück und schiebst lieber der anderen die Schuld zu.

Wenn das noch einmal passiert, intensivieren sich deine Gefühle. Schließlich wächst dein Leid so an, dass du mit einer dritten Person darüber sprechen musst. Du suchst aber nach Parteinahme, statt dein Leid zu teilen. Statt also direkt mit »A« zu reden, sprichst du mit »C«. Du suchst »C« auf, weil du sie für eine Verbündete hältst, die auch der Meinung ist, dass »A« sich unmöglich benimmt. Wenn du jetzt »C« bist, was solltest du tun? Wenn du bereits selbst einige Vorbehalte betreffs »A« hast, bist du vermutlich froh zu hören, dass jemand anders ähnlich empfindet. Wenn ihr nun miteinander redet, fühlst du dich wahrscheinlich besser. So werdet ihr zu Verbündeten – »B« und »C« gegen »A«. Plötzlich fühlen sich »B« und »C« nahe, und beide verspüren eine Distanz zu »A«. Das aber merkt »A«.

»A« ist vielleicht sehr nett. Sie wäre wohl in der Lage, »B« direkt zu antworten, wenn »B« ihr gegenüber ihre Gefühle äußern würde. »A« weiß jedoch nichts von den Vorbehalten, die »B« hat. Sie verspürt nur eine kühlere Stimmung zwischen sich und »B«, ohne den Grund dafür zu kennen. Sie bekommt auch mit, dass sich »B« und »C« nahekommen und dass beide sich ihr gegenüber kühl verhalten. Deshalb denkt sie: »Wenn die mich nicht wollen, dann brauche ich sie auch nicht.« Sie distanziert sich noch mehr von ihnen, und die Situation verschlimmert sich. Eine Dreiecksgeschichte hat sich entwickelt.

Wäre ich »C«, so würde ich zunächst »B« ganz aufmerksam zuhören, im Verständnis dessen, dass »B« sich über ihr Leid aussprechen muss. Da ich weiß, der kürzeste Weg ist der direkte, würde ich »B« ermutigen, mit »A« zu sprechen. Wenn »B« dazu nicht in der Lage ist, würde ich anbieten, mit »A« über die Belange von »B« zu sprechen, entweder in ihrer Anwesenheit oder mit »A« allein.

Vor allem aber würde ich mit niemand anderem darüber reden, was mir »B« anvertraut hat. Wenn ich nicht achtsam bin, erzähle ich vielleicht anderen, was ich über die Gefühle von »B« weiß, und dann gäbe es bald in der Familie oder der Gemeinschaft ein heilloses Durcheinander. Wenn ich das also tue – »B« ermutige, direkt mit »A« zu sprechen, oder mit »A« über die Gefühle von »B« rede, ohne mit jemand anderem darüber zu sprechen –, so kann ich das Dreieck aufbrechen. Das kann helfen, das Problem zu lösen und der Familie, der Gemeinschaft, der Gesellschaft wieder Frieden und Freude zurückzugeben.

Wenn du also merkst, dass in der Gemeinschaft jemand Probleme mit einem anderen Menschen hat, kannst du sofort helfen. Je länger nämlich dieser unselige Zustand anhält, desto schwieriger wird es, ihn aufzulösen. Die beste Hilfe ist, achtsame Rede und aufmerksames Zuhören zu praktizieren. Gute Kommunikation kann den Menschen Frieden, Vertrauen und Glücksgefühl bringen.

Reden kann konstruktiv oder destruktiv sein. Wenn jemand sagt: »Ich liebe dich«, kann das eine Lüge sein. Er mag damit lediglich eine Begierde ausdrücken. Wir müssen also aufpassen. In der buddhistischen Tradition wird Rechte Rede als die Unterlassung der folgenden vier Handlungen beschrieben:

1. Nicht die Wahrheit zu sagen. Wenn etwas schwarz ist, sagst du, es sei weiß.

2. Zu übertreiben. Du erfindest irgendetwas oder du beschreibst es als viel schöner, als es in Wirklichkeit ist, oder als hässlich, wenn es gar nicht hässlich ist.

3. Widersprüchliches Reden. Du gehst zu einer Person und erzählst ihr etwas, und dann gehst du zu einer anderen und erzählst genau das Gegenteil.

4. Böswillige Redeweise. Du beleidigst oder missbrauchst Menschen mit Worten.

Das Herz der buddhistischen Meditation ist Achtsamkeit. Sie kann uns helfen, die Kommunikation wieder in Gang zu setzen, zunächst einmal in uns selbst. Manchmal hassen wir uns selbst, wir haben Angst vor uns. Wir sind uns selbst entfremdet. Wir können nicht mit uns kommunizieren.

Vor ungefähr vierhundert Jahren gab es in Vietnam einen sehr unglücklichen Studenten. Er war ein hübscher junger Mann, aber er konnte mit seinen Eltern nicht kommunizieren, auch nicht mit seinen Schwestern und Brüdern, und er fühlte sich von der Familie abgeschnitten. Sein Name war Tu Uyen, aber wir wollen ihn hier David nennen. Er war sehr einsam und litt darunter.

Viele Leute versuchten, mit David Freundschaft zu schließen, aber er war dermaßen wütend, voller Schmerz, Furcht und Misstrauen, dass ihn schließlich alle verließen. Er hatte kein Vertrauen zu den Menschen und glaubte nicht an das Glück. Er lebte allein in einem kleinen Zimmer auf dem Universitätsgelände.

Eines Morgens ging er zu einem buddhistischen Tempel, in der Hoffnung, dort jemanden anzutreffen, mit dem er Freundschaft schließen könnte. Als er am Tempel ankam, sah er dort eine Gruppe junger Leute durch das Tor gehen, und unter ihnen befand sich eine wunderschöne junge Frau. Er wusste sofort, das war *die eine* für ihn. Plötzlich erfasste ihn ein tiefes Verlangen, mit ihr befreundet zu sein. Viel guter Wille war da in seinem Herzen. Also folgte er, statt zum Tempel zu gehen, den jungen Leuten, aber auf einmal war die junge Frau verschwunden.

Er konnte ihre Schönheit einfach nicht vergessen. Jeden Tag träumte er von ihr. Sie ging ihm einfach nicht aus dem Kopf. Dann sagte eines Nachts im Traum ein alter Mann zu ihm, es gebe eine Möglichkeit für ihn, sie wiederzusehen. Er solle früh am Morgen auf den Markt im Osten gehen und dort ganz intensiv nach ihr Ausschau halten. Der junge Mann sprang aus dem Bett und wartete auf den Sonnenaufgang, um sich zum Markt im Osten zu begeben. Es war noch immer sehr früh, als er dort ankam, und deshalb ging er in einen Buchladen, um sich dort Bücher für seine Studien zu kaufen. Als er den Laden betrat und aufschaute, sah er dort ein Bild, das Gemälde einer jungen Frau, an der Wand hängen – es war genau die junge Frau, die er am Tempeltor gesehen hatte. Dasselbe Gesicht, dieselben Augen, und auch das Lächeln war dasselbe. Statt nun die Bücher zu kaufen, kaufte er das Bild und trug es nach Hause. Er hängte es an die Wand, setzte sich davor und sprach nun mit der jungen Dame auf dem Bild. Zu Mittag bereitete er sich eine Nudelsuppe aus der Tüte. Er tat die Nudeln in eine Schale, goss heißes Wasser darüber und wartete ein paar Minuten. Das war alles. Er aß immer nur Fertignudeln zu jeder Mahlzeit, Tag für Tag, ohne auch nur etwas Gemüse dazuzugeben. Sein Leben war ohne jede Würze.

Wenn jemand einsam ist, spricht er vielleicht mit einem Baum, einem Felsen, einer Katze oder einem Hund. Es kann durchaus einfacher sein, mit einer Katze zu leben als mit einem Menschen, denn wenn du zu deiner Katze etwas Unfreundliches sagst, schreit sie nicht zurück. Deshalb schaute David auch lieber auf das Gemälde und sprach mit der jungen Frau, die darauf abgebildet war, als mit einem Menschen aus Fleisch und Blut zu reden.

Eines Tages beschloss er, zwei Schalen mit Nudeln zu bereiten. Er legte zwei Paar Essstäbchen auf den Tisch und fuhr fort, mit der jungen Dame zu sprechen. Für einen Augenblick hatte er das Gefühl, sie würde ihm zulächeln, aber als er nochmals hinschaute, tat sie es nicht. Als er dann seine Schale mit Nudeln zur Hälfte aufgegessen hatte, konnte er nicht weiteressen. Das Essen schmeckte nach nichts. Sein Leben war ohne jede Bedeutung, ohne Inhalt. Er schaute wieder zu ihr auf, und dieses Mal hatte er wirklich den Eindruck, sie lächle ihn an. Dann stieg sie auf einmal vom Gemälde herunter und wurde zu einer wirklichen Person. Das Erste, was sie zu ihm sagte, war: »Wie kannst du Nudeln nur so essen?« Dann verschwand sie. Wenig später erschien sie mit einer Tüte voll frischem Gemüse, und im Handumdrehen hatte sie zwei wunderbare Schalen mit Nudeln zubereitet, dazu Zwiebeln, schwarzen Pfeffer und viel frisches Gemüse. Du kannst dir nicht vorstellen, wie glücklich der junge Mann war. Eine wundervolle Freundin war in sein Leben getreten! Sie war ein Engel, und sie erzählte ihm, ihr Name sei Angelina (Giàn Kiêu).

Aber der junge Mann trug so viel Schmerz in sich, dass er nicht wusste, wie er mit ihr kommunizieren sollte. Er liebte sie sehr, aber wenn sie ihm einen guten Rat gab, wusste er nicht, wie er richtig zuhören sollte. Er wusste einfach nicht, wie er liebevoll mit ihr sprechen sollte. Jeden Tag trank er Alkohol, und wenn er betrunken war, benahm er sich sehr unfreundlich. Wenn du so viel Wut in dir hast, so viel Leid, dann willst du deinen Schmerz nur noch mit Alkohol oder Drogen zuschütten, um zu vergessen. Wir können nicht unbedingt David dafür verantwortlich machen. Es war wirklich schwierig für ihn, so viel Schmerz und Zorn zu ertragen. Niemand hatte ihm beigebracht, wie man achtsam lebt – wie man achtsam atmet, geht, seinen Schmerz umarmt, um ihn zu verwandeln. Schließlich verließ Angelina ihn. Es ist einfach unmöglich, mit jemandem zu leben, der so voller Wut, so voller Schmerz ist und unfähig, einem anderen Menschen zuzuhören, mit ihm zu kommunizieren.

Als David klar wurde, dass sie ihn verlassen hatte, litt er so sehr, dass er sich umbringen wollte. Das Leben hatte einfach keinen Sinn mehr für ihn. Er bereitete seinen Selbstmord vor, als ihm plötzlich etwas einfiel, das Angelina einmal zu ihm gesagt hatte. An einem schönen Morgen war sie mit ihm zu dem buddhistischen Tempel gegangen, wo er sie zum ersten Mal gesehen hatte, und an dem Morgen hatte der Mönch im Tempel eine Dharmarede gehalten über die Kommunikation durch Räucherstäbchen. Angelina sagte: »In Zukunft, David, benutze, wenn du mich brauchst und mit mir zusammen sein willst, Räucherstäbchen, um zu kommunizieren.« In diesem Augenblick, als er kurz davor war, Selbstmord zu begehen, fielen ihm Angelinas Worte ein. So eilte er auf den Markt und kaufte dort ein Paket Räucherstäbchen, die er sofort anzündete, nicht nur ein Stäbchen, sondern gleich zehn auf einmal, in der Hoffnung, Angelina würde nun merken, dass er sie wieder zu Hause haben wollte. Er saß ganz still da und wartete und wartete. Über eine Stunde verging, und sie war noch immer nicht da. Er war drauf und dran zu verzweifeln, als ihm einfiel, was der Mönch während der Meditation gesagt hatte. Er hatte über das Räucherstäbchen im Herzen gesprochen. Er sagte, es gebe fünf Arten von Räucherstäbchen des Herzens: das der Achtsamkeitsübungen, das der Sammlung, das der Einsicht und Erkenntnis, das der Befreiung und das der Blume der Befreiung. Nun wurde ihm klar, dass er erst dann, wenn er gelernt hatte, wie man das Räucherstäbchen des Herzens richtig anwendet, wieder mit Angelina würde kommunizieren können.

Das Erste ist also das Räucherstäbchen der Achtsamkeitsübungen. Die vierte der fünf Achtsamkeitsübungen handelt von Kommunikation, von Verständigung – wie man liebevolles Reden und aufmerksames, tiefes Zuhören praktiziert. Solange wir beides nicht praktizieren, können wir uns nicht mit anderen Menschen verständigen. Als er so dasaß, lief sein Leben noch einmal blitzartig vor ihm ab.

Er erkannte, dass er nie richtig mit irgendjemandem kommuniziert hatte – weder mit Vater oder Mutter, auch nicht mit seinen Schwestern und Brüdern und nicht einmal mit Angelina. Er wusste, dass er bis dahin nicht die vierte Achtsamkeitsübung praktiziert hatte. In diesem Augenblick überfiel ihn eine Erkenntnis. Er hörte auf, seine Eltern für sein Leid verantwortlich zu machen. Ihm wurde klar, dass er selbst dafür verantwortlich war, dass er nicht achtsam zugehört und gesprochen hatte und dass er damit auch die anderen verletzt hatte. Er nahm nun seinen Teil der Verantwortung auf sich. In dem Moment, in dem diese Erkenntnis kam, fielen sein Ärger, seine Wut von ihm ab, und sein Herz begann sich zu öffnen. Für eine halbe Stunde saß er weiter so da, und plötzlich erschien Angelina. Angelina hat immer Liebe im Herzen. Wenn du weißt, wie man wieder von Neuem beginnt, vergibt Angelina dir stets und kehrt zurück. Sie kommt von dem Gemälde herunter in dein Leben. Wir alle kennen viele solcher Angelinas, aber wir müssen sorgsam schauen, wie wir mit ihr umgehen. Fügen wir ihr Leid zu? Wie reden wir mit ihr? Wie behandeln wir sie? Dies sind Fragen, über die wir nachdenken müssen.

In Plum Village gibt es einen zwanzigjährigen Mönchsnovizen namens Phâp Canh, Wahrer Dharma-Spiegel. Seit einem Jahr und vier Monaten erst ist er praktizierender Mönch, aber er ist ein sehr glücklicher junger Mönch. Er praktiziert erfolgreich, und er bereitet seinen Dharmabrüdern und -schwestern viel Freude. Ich bin auch sehr glücklich über Bruder Phâp Canh, und zwischen uns ist die Kommunikation vollkommen. Er ist mein Assistent, und seine Aufgabe ist es, mir am Morgen das Frühstück zu bringen und mich, wenn ich irgendwo hinmuss, mit einem kleinen schwarzen Wagen zu fahren. Er ist ein sehr aufmerksamer Fahrer. Wenn er in den Wagen steigt, atmet er erst einmal ein und aus und rezitiert diesen Vers: »Bevor ich den

Wagen anlasse, weiß ich, wohin ich fahre. Das Auto und ich sind eins. Wenn der Wagen schnell fährt, fahre auch ich schnell.« Es macht mir immer große Freude, mit ihm zusammen zu sein.

Jeden Morgen nehmen wir in der Stille zusammen unser Frühstück ein, Lehrer und Schüler. Eines Morgens erzählte ich ihm die Geschichte von David und Angelina. Sie gefiel ihm sehr. Dann schaute ich ihn sehr aufmerksam an und sagte zu ihm: »Wahrer Dharma-Spiegel, du bist meine Angelina. Du bist in mein Leben gekommen und machst mich so glücklich. Ich gelobe, mein Leben so zu führen, dass du mich nie verlassen musst.« Ich sah, dass er tief bewegt war. Das war eine wirkliche Liebeserklärung. Aber er sagte: »Thây, ich kann Fertignudeln nicht so gut zubereiten wie Angelina.« Ich lächelte noch immer und sagte: »Mein Junge, du brauchst kein hervorragender Nudelzubereiter zu sein, um mich glücklich zu machen. Du hast viele Dharmaschwestern, die dies ausgezeichnet können. Du brauchst mich nur auf die Weise zu fahren, wie du es tust. Das ist mehr als genug, um mich glücklich zu machen.« Darüber freute er sich sehr.

In meiner Einsiedelei gibt es eine kleine Meditationshalle, in der ich die Bilder meiner Angelinas aufgehängt habe. Es sind hundert, die von einem Bild heruntergestiegen und in mein Leben gekommen sind – fünfzig Mönche und Nonnen und fünfzig Laienpersonen, die als Familie in Plum Village leben. Wir praktizieren Gehmeditation, Sitzmeditation, achtsames Essen, achtsame Bewegungen, die Glocke der Achtsamkeit und den Friedensvertrag. Der Friedensvertrag hat zu tun mit Kommunikation, Ärger, Wut und tiefem, aufmerksamen Zuhören, um unser Glück und unsere Harmonie zu erhalten.

Jeden Abend um zehn Uhr praktiziere ich die drei Niederwerfungen. Wenn die Glocke die Sitzperiode ankündigt, höre ich auf mit dem, was ich gerade tue, und ich gehe in der Art der Gehmeditation, denn ich brauche nicht zu warten, bis ich in der Meditationshalle bin, um mit der Meditation zu beginnen. Ich fange da an, wo ich gerade bin, indem ich achtsam gehe. Dann setze ich mich vor den Altar. Auf dem Altar in meiner Klause stehen Statuen von Buddha, den Bodhisattvas, aber auch von Jesus Christus. Ich achte Jesus als einen meiner spirituellen Vorfahren. Nun setze ich mich und nehme ein Räucherstäbchen heraus. Obwohl ein Räucherstäbchen ganz leicht ist, halte ich es in beiden Händen, weil meine Praxis darin besteht, alles ganz achtsam zu tun, mich hundertprozentig in alles einzubringen, was ich tue. Wenn du Gehmeditation praktizierst, mache einen Schritt nach dem anderen; tue dies mit deinem ganzen Sein, nicht nur mit fünfzig Prozent. Damit es ein richtiger Schritt ist, müssen Körper und Geist vereint sein. Ich zünde ein Streichholz an und halte es an das Ende des Räucherstäbchens, und damit berühre ich meine Ahnen. Ich werde eins mit meinen Vorfahren.

Wir sind Teil des Lebensstroms, und wenn wir ein Räucherstäbchen auf diese Weise darbieten, wissen wir, dass wir mit unseren Ahnen verbunden sind. Sie stehen nicht nur auf dem Altar. Sie befinden sich auch in mir. Ich bin die Fortführung meiner Vorfahren – meiner leiblichen wie auch der spirituellen Ahnen. Wenn du mit deinen Vorfahren kommunizieren kannst, bist du nicht mehr allein. Jeden Tag, wenn ich ein Räucherstäbchen anzünde und es meinen Ahnen darbiete, betrachte ich die Bilder meiner Großmutter, meines Großvaters und all meiner spirituellen Ahnen – mein Lehrer, der Buddha, Jesus. Wenn ich mit einem von ihnen in tiefen Kontakt trete, berühre ich damit all meine Vorfahren. Wenn man den Staub vom Altar wischt, berührt man damit bereits seine Ahnen. Das ist eine ganz wichtige tägliche Praxis für mich.

In Asien zünden wir jeden Tag Räucherstäbchen an und treten so in Verbindung zu unseren Vorfahren. Wir fühlen uns nicht vom Strom der Vorfahren abgeschnitten, auch nicht von dem unserer Kinder und Kindeskinder. Wir alle sind Teil desselben Lebensstroms. Wenn ich das Räucherstäbchen auf dem Altar opfere, sitze ich still und praktiziere achtsames Atmen, dabei betrachte ich eingehend das Räucherstäbchen. Es ist sehr schön anzuschauen, wie der Rauch des Stäbchens hochsteigt. Mein Herz schlägt ruhig, und ich habe das Gefühl, mit allen in Verbindung zu sein, mit allen zu kommunizieren. Für einige Minuten bleibe ich in dieser Position, manchmal auch länger, dann öffne ich die Augen, stehe auf und verbeuge mich vor all meinen Angelinas, bevor ich mich zur Meditation niedersetze. Wenn ich das tue, habe ich wirklich den Eindruck, dass sie alle mit mir zusammensitzen.

Nach Angelinas Rückkehr war David endlich in der Lage, ihr zuzuhören. Angelina wurde wirklich zu seiner Dharmaschwester; sie praktizierten sehr gut zusammen und waren sehr glücklich. Nach einigen Monaten beschlossen sie, zum nahe gelegenen Meditationszentrum zu gehen. Sie wussten, dass das Praktizieren in einer Sangha leichter und erfolgreicher sein würde, und so beschlossen sie, für einige Jahre in dem Zentrum zu leben, um den Schmerz und das Leid in sich zu verwandeln. Dann würden sie in der Lage sein, auch anderen dabei zu helfen, ihr Leid zu beseitigen und ihren Frieden, ihr Glücksgefühl und ihre Fähigkeit zur Kommunikation wiederzuerlangen.

Liebevolles Sprechen ist ein wichtiger Aspekt der Praxis. Wir sagen nur noch liebevolle Dinge. Auch die Wahrheit sagen wir auf liebevolle Weise und nicht gewaltsam. Das können wir allerdings nur, wenn wir innerlich ruhig sind. Sind wir aufgeregt, sagen wir viele destruktive Dinge. Deshalb sollten wir lieber schweigen, wenn wir aufgeregt sind.

Es reicht, einfach zu atmen. Bei Bedarf können wir Gehmeditation an der frischen Luft praktizieren und uns dabei nach beruhigenden Dingen umschauen wie Bäumen, den Wolken, dem Fluss. Haben wir unsere Ruhe wiedererlangt, unsere Gelassenheit, können wir auch die Sprache der Liebe anwenden. Wenn während des Sprechens die Aufgeregtheit zurückkehrt, halten wir inne und atmen. Dies ist die Praxis der Achtsamkeit.

Avalokiteshvaras Praxis ist es, sehr tief und aufmerksam auf jeden Laut zu hören, was sowohl den Laut des Schmerzes, der von innen kommt, als auch den, der von außen kommt, mit einschließt. Auf den Klang der Glocke zu hören, aufmerksam dem Schlag der Uhr, dem Wind, dem Wasser, den Insekten und allen Lebewesen zu lauschen, das ist Teil unserer Praxis. Wenn wir wissen, wie wir aufmerksam zuhören und wie wir achtsam atmen, dann wird alles für uns klar und tief.

Achtsam miteinander leben

Denke einmal an deine erste Liebe – wie es dazu kam, wo sie stattfand, wie du in diese Situation geraten bist. Rufe dir die Einzelheiten dieser Erfahrung in Erinnerung und betrachte sie ruhig und tief, voller Mitgefühl und Verständnis. Du wirst Dinge entdecken, die dir zunächst nicht aufgefallen sind. Du wirst feststellen, dass deine »erste Liebe« gar nicht die erste war. Viele Ströme nähren und bereichern den Fluss deines Lebens. Deine erste Liebe ist ohne Anfang, ohne Ende. Stets ist sie in Umwandlung begriffen. Noch immer ist deine erste Liebe vorhanden, formt noch immer dein Leben. Wenn du gelassen bist, lächelst und achtsam atmest, dann wirst du, da bin ich sicher, verstehen.

Wo ist das Selbst? Wo ist das Nicht-Selbst? Wer ist deine erste Liebe? Wer deine letzte? Welches ist der Unterschied zwischen deiner ersten und deiner letzten Liebe? Ob Wasser die Ufer übertritt oder verdunstet, hängt von der Jahreszeit ab. Ob es rund ist oder eckig, hängt vom Behältnis ab. Es fließt im Frühjahr und gefriert im Winter, und sein ungeheures Ausmaß ist nicht messbar, seine Quelle unauffindbar. In einem Smaragdfluss versteckt sich im Wasser ein Drachenkönig. In einem kühlen Teich enthält es den hell leuchtenden Vollmond. Am Weidenzweig des Bodhisattva versprüht es den Nektar des Mitgefühls. Ein Tropfen schon reicht, um die Welt in allen zehn Richtungen zu reinigen und zu verwandeln. Kannst du Wasser durch die Form erfassen? Kannst du seine Spur bis zur Quelle zurückverfolgen? Weißt du, wo es mündet? Genau so ist es mit deiner ersten Liebe. Sie hat weder Anfang noch Ende.

Sie ist noch immer lebendig im Strom deines Lebens. Glaube nicht, dass sie nur in der Vergangenheit bestand. Betrachte tief die Natur deiner ersten Liebe, und du erkennst den Buddha darin.

Die Praxis der Achtsamkeit ist die Praxis der Liebe. Es ist wichtig, die Kunst des achtsamen Lebens zu erlernen, bevor du dich in eine Beziehung begibst, und ganz besonders gilt das für die gemeinsame Entdeckungsreise, die in einer ehelichen Verbindung stattfindet. Wenn ihr euch nicht beide gut kennenlernt, indem ihr ganz tief hineinschaut und all die Blumen, aber auch all den Unrat in euch selbst entdeckt – und zwar nicht nur all das, was ihr selbst hervorgebracht habt, sondern auch das, was von euren Vorfahren und von der Gesellschaft stammt –, dann werdet ihr Schwierigkeiten in eurer Ehe haben.

Zu Beginn einer neuen Beziehung bist du aufgeregt, voller Enthusiasmus, voller Entdeckungslust. Dennoch verstehst du vielleicht weder dich selbst noch die andere Person besonders gut. Wenn du erst einmal vierundzwanzig Stunden am Tag mit jemandem zusammenlebst, dann siehst, hörst und erfährst du Dinge, die du vorher weder sehen noch dir vorstellen konntest. Als du dich verliebt hast, hast du ein wundervolles Bild des anderen Menschen entworfen und auf ihn projiziert, und jetzt ist es ein kleiner Schock, wenn die Illusion sich auflöst und die Wirklichkeit sich zeigt. Nur wenn ihr in der Lage seid, Achtsamkeit miteinander zu praktizieren, könnt ihr eure Liebe, eure Zuneigung während dieser schwierigen Phase aufrechterhalten; das geht nur durch eingehende Selbstbetrachtung und eingehendes Betrachten eurer Partnerin, eures Partners.

In der buddhistischen Psychologie bezieht sich der Begriff *samyojana* auf innere Formationen, Fesseln und Knoten. Sagt zum Beispiel jemand etwas Unfreundliches zu uns, so bildet sich in uns ein Knoten, weil wir nicht verstehen, warum der andere das sagt, und wir werden gereizt und ärgerlich. Ursache für eine solche Knotenbildung ist immer ein Mangel an Verstehen. Es bereitet unserem Geist Schwierigkeiten einzusehen, dass negative Gefühle in ihm vorhanden sind wie Ärger, Furcht und Reue, und deshalb sucht er Wege, diese in entfernte Gegenden unseres Bewusstseins zu verbannen, sie zu vergraben. Mit selbst geschaffenen, ausgeklügelten Mechanismen schaffen wir es, die Existenz dieser für uns problematischen Gefühle zu leugnen, aber diese suchen stets einen Weg an die Oberfläche. Praktizieren wir Achtsamkeit, so können wir die Kunst erlernen, die Knoten im Augenblick ihres Entstehens zu erkennen und Wege zu finden, sie wieder zu lösen. Diese Knoten erfordern unsere ganze Aufmerksamkeit, sobald sie sich bilden; sind sie noch locker, ist es nicht so schwierig, sie wieder zu lösen. Andernfalls werden sie fester und stärker.

Der erste Schritt, mit diesen unbewussten Knoten umzugehen, ist, sie uns bewusst zu machen. Wir meditieren, atmen achtsam, um einen Zugang zu ihnen zu finden. Sie zeigen sich uns vielleicht in Gestalt von Bildern, Gedanken, Worten oder Handlungen. Wir verspüren vielleicht Angst und fragen uns: »Warum habe ich mich so schlecht gefühlt, als sie das und das sagte?« oder »Warum mache ich das immer wieder?« oder auch »Wieso fand ich diese Gestalt im Film so widerlich?« Uns ganz aus der Nähe zu betrachten kann bewirken, dass ein solcher Knoten in unser Blickfeld gerät. Und richten wir das Licht unserer Achtsamkeit darauf, fängt er an, uns sein Gesicht zu zeigen. Wir verspüren vielleicht einen gewissen Widerstand, ihn weiter zu betrachten, aber wenn wir die Fähigkeit erlernt haben, ruhig zu sitzen und unsere Gefühle einfach zu betrachten, so wird sich uns die Ursache für den Knoten bald zeigen, und wir werden auch die Möglichkeiten sehen, wie wir ihn lösen können. Wenn wir so praktizieren, lernen wir unsere inneren Knoten kennen und können Frieden mit uns schließen.

Leben wir mit einem anderen Menschen zusammen, ist es wichtig, auf diese Weise zu praktizieren. Damit wir gegenseitig unser Glück erhalten können, müssen wir lernen, die Knoten, die wir miteinander entwickeln, bereits in ihrem Entstehungsprozess umzuwandeln. Eine Frau erzählte mir, dass ihr Mann bereits drei Tage nach ihrer Heirat in ihr etliche gravierende Knoten verursachte, die sie dann dreißig Jahre lang in sich trug. Sie hatte Angst vor einer Auseinandersetzung, wenn sie ihm davon erzählen würde. Wie aber können wir so, ohne echte Kommunikation, glücklich sein? Sind wir im Alltagsleben nicht achtsam, so setzen wir Pflänzlinge des Leidens ausgerechnet in den Menschen, den wir lieben.

Sind beide Partner aber voller Leichtigkeit und tragen noch nicht zu viele Knoten in sich, dann ist diese Praxis nicht schwer. Gemeinsam betrachten wir das Missverständnis, das den Knoten verursacht hat, und knüpfen ihn dann auseinander. Wenn wir beispielsweise mitbekommen, wie unser Partner einem Freund gegenüber mit etwas prahlt, das er getan hat, dann verspüren wir vielleicht, wie sich in uns ein Knoten in Form von schwindendem Respekt bildet. Sprechen wir sogleich mit ihm darüber, kann ein klares Verständnis erzielt und der Knoten leicht gelöst werden.

Üben wir uns in der Kunst des achtsam Miteinanderlebens, dann gelingt uns das. Wir erkennen, dass der andere Mensch, genau wie wir, beides, Blumen und Abfall, in sich trägt, und wir akzeptieren das. Unsere Praxis besteht darin, die Blumen in ihm zu gießen, nicht, ihm noch mehr Müll zu bringen. Deshalb vermeiden wir Schuldzuweisungen und Streit. Wenn wir Blumen pflanzen und sie nicht so recht gedeihen wollen, werfen wir ihnen das ja auch nicht vor, schimpfen nicht mit ihnen. Stattdessen sehen wir, ob wir vielleicht nicht richtig für sie gesorgt haben. Unsere Partnerin, unser Partner ist eine Blume. Achten wir gut auf ihn oder sie, so wächst und gedeiht dieser Mensch. Vernachlässigen wir sie oder ihn, verwelkt der Mensch. Wollen wir das Wachstum einer Blume unterstützen, müssen wir uns mit ihrer Natur gut auskennen. Wie viel Wasser braucht sie? Wie viel Sonnenschein? Tief schauen wir in uns selbst hinein, um unsere eigene Natur zu erkennen, und so tun wir es auch mit dem anderen Menschen.

In der buddhistischen Tradition sprechen wir von der Einheit von Körper und Geist. Was immer dem Körper geschieht, geschieht auch dem Geist. Gesundheit des Körpers ist Gesundheit des Geistes; den Körper verletzen heißt den Geist verletzen. Sind wir wütend, glauben wir, wir seien in unseren Gefühlen wütend, nicht in unserem Körper, aber das stimmt nicht. Wenn wir jemanden lieben, wollen wir ihr oder ihm körperlich nahe sein, sind wir aber auf jemanden wütend, wollen wir diese Person nicht berühren oder von ihr berührt werden. Wir können also nicht sagen, Körper und Geist seien getrennt.

Eine sexuelle Beziehung kann eine tiefe Verbindung zwischen Körper und Geist sein. Das ist eine ganz bedeutsame Begegnung, die nicht einfach so beiläufig stattfinden sollte. Du weißt, dass es in deiner Seele bestimmte Gebiete gibt – Erinnerungen, Schmerz, Geheimnisse –, die sehr privat sind und die du nur mit einem Menschen teilen willst, den du liebst und dem du am meisten vertraust. Du öffnest nicht einfach dein Herz und zeigst es irgendjemandem. In der Stadt des Herrschers gibt es ein Areal, das verbotenes Terrain ist, eine »verbotene Stadt«; nur der König und seine Familie dürfen sich darin bewegen. Auch in deiner Seele gibt es eine solche Zone, die niemand betreten darf außer dem einen Menschen, den du außerordentlich liebst und dem du vertraust.

Das gilt auch für unseren Körper. Unser Körper hat Gebiete, die wir nicht von irgendjemandem berühren lassen, denen sich niemand nähern darf außer dem Menschen, den wir ganz besonders respektieren, lieben und dem wir vertrauen. Nähert sich uns jemand in unverbindlicher und nachlässiger Weise, nicht zärtlich, dann fühlen wir uns erniedrigt im Körper und in der Seele. Nähert sich uns jemand mit Respekt, Zärtlichkeit und äußerster Fürsorglichkeit, so schenkt dieser Mensch uns tiefe Kommunikation, eine tiefe Verbindung. Nur dann fühlen wir uns nicht verletzt, lediglich benutzt oder sogar missbraucht. Das geschieht aber nur dann, wenn wirkliche Liebe und Verbindlichkeit vorhanden sind. Gelegenheitssex kann nicht als Liebe bezeichnet werden. Liebe ist tief und schön, sie erfasst den ganzen Menschen. Respekt ist einer der bedeutsamsten Aspekte in sexuellen Beziehungen. Sexuelles Miteinander-Kommunizieren sollte wie ein Ritus sein, ein Ritual, das voller Achtsamkeit, mit großem Respekt, großer Fürsorglichkeit und Liebe zelebriert wird. Treibt dich lediglich Begehren, so ist das nicht Liebe. Begehren ist nicht Liebe. In Liebe liegt viel mehr Verantwortung. Sie birgt Fürsorge in sich.

In Asien kennen wir drei Arten von Energiequellen – Sexualität, Atem und Geist (*jing*, *qi* und *shen*). Jing, die sexuelle Energie, ist die erste. Hast du mehr sexuelle Energie, als du brauchst, gibt es ein Ungleichgewicht in deinem Körper und in deinem Sein, und du musst diese Balance wiederherstellen. Im Taoismus und Buddhismus gibt es Praktiken, die dir dabei helfen. Dazu gehören auch Meditation und die Kampfkünste. Die zweite Energiequelle ist Qi, die Atemenergie. Das Leben kann als ein Verbrennungsprozess betrachtet werden. Um brennen zu können, braucht jede Zelle in deinem Körper Nahrung und Sauerstoff. In seinem *Sutra über das Feuer* sagt der Buddha: »Die Augen brennen, die Nase brennt, der Körper brennt.« In unserem Alltag müssen wir unsere Energie entwickeln und pflegen, indem wir gutes Atmen praktizieren. Wir leben von der Luft und dem Sauerstoff und müssen deshalb dafür sorgen, dass wir keine verunreinigte Luft haben. Manche Menschen pflegen ihr Qi, indem sie bei einer Unterhaltung nicht mehr rauchen oder indem sie nach vielem Sprechen achtsam atmen. Wenn du sprichst, nimm dir Zeit zum Atmen. In Plum Village machen wir es so, dass immer, wenn die Glocke der Achtsamkeit ertönt, alle innehalten mit dem, was sie gerade tun, und dreimal achtsam atmen. Das tun wir, um unsere Qi-Energie zu entwickeln und zu erhalten.

Die dritte Energiequelle ist Shen, die Geistesenergie. Wenn du Schlafstörungen hast oder dir viele Sorgen machst, verlierst du viel von dieser Art Energie. Dein Nervensystem leidet unter Erschöpfung, und als Folge kannst du nicht gut lernen, meditieren oder Entscheidungen treffen. Dein Geist ist nicht klar, weil ihm der Schlaf fehlt oder du dir zu viele Sorgen machst. Sorgen und Angst erschöpfen diese Energiequelle. Also sorge dich nicht. Bleib abends nicht so lange auf. Halte dein Nervensystem gesund. Vermeide Angst. Lebst du in dieser Weise, so entwickelst und pflegst du die dritte Energiequelle. Diese brauchst du auch, um gut meditieren zu können. Ein spiritueller Durchbruch erfordert die Kraft deiner geistigen Energie; du erlangst sie durch Konzentration und das Wissen darum, wie diese Energiequelle zu erhalten ist. Wenn du über starke geistige Energie verfügst, brauchst du sie nur auf ein Objekt zu richten, dann gelingt dir der Durchbruch. Hast du aber kein oder nur wenig Shen, dann ist der Lichtschein deiner Konzentration nicht stark genug, das Licht ist zu schwach. Also sind die drei Energiequellen miteinander verbunden. Praktizierst du die eine, so stärkst du die anderen. Deshalb ist auch achtsames Atmen so wichtig für unser spirituelles Leben. Es kommt all unseren Energiequellen zugute.

Mönche und Nonnen leben keine sexuellen Beziehungen, weil sie ihre Energie darauf richten, einen Durchbruch in ihrer meditativen Praxis zu erreichen. Sie lernen, ihre sexuelle Energie zu kanalisieren, und praktizieren achtsames, tiefes Atmen, um ihre geistige Energie für den Durchbruch zu stärken. Da sie allein leben, ohne Familie, können sie ihre Zeit der Meditation, dem Lehren und der Hilfe für andere widmen.

In einer meditativen Gemeinschaft ohne negative sexuelle Lebensführung gibt es Stabilität und Frieden. Alle müssen einander als Dharmabrüder und -schwestern respektieren, unterstützen und schützen. Handelt jemand verantwortungslos, so erzeugt dies Leiden in dieser Gemeinschaft wie auch in der großen Gemeinschaft der Meditierenden. Kann ein Lehrer es nicht lassen, mit Schülerinnen oder Schülern zu schlafen, dann zerstört er damit alles, vielleicht für ganze Generationen. Wir benötigen Achtsamkeit, um dieses Gefühl von Verantwortung zu entwickeln. Deshalb vermeiden wir unangebrachtes sexuelles Verhalten – schließlich sind wir für das Wohlergehen so vieler Menschen verantwortlich. Handeln wir verantwortungslos, zerstören wir alles. Handeln wir verantwortungsvoll, erhalten wir die Sangha in ihrer Schönheit.

In sexuellen Beziehungen können Menschen leicht verletzt werden. Also bewahren wir durch verantwortungsvolles Handeln uns und andere vor Verletzungen. Oft denken wir, es sei nur die Frau, die verletzt wird, aber auch ein Mann kann verletzt werden. Wir müssen sehr vorsichtig sein. Verantwortlich zu handeln ist ein kraftvoller Weg, die Stabilität und den Frieden in uns selbst, in unserer Familie und in der Gesellschaft wiederherzustellen. Dabei sollten wir uns Zeit nehmen, diese Dinge miteinander zu erörtern und auch über Einsamkeit, Reklame und die Angebote der Sexindustrie zu reden.

Das Gefühl der Einsamkeit ist ein universelles. Oft gibt es nur sehr wenig Kommunikation zwischen uns und anderen, selbst innerhalb der Familie. Dieses Gefühl treibt uns dann in sexuelle Beziehungen. Ziemlich naiv glauben wir, in einer sexuellen Beziehung würden wir uns weniger einsam fühlen, aber zu Unrecht. Gibt es in einer sexuellen Beziehung nicht genügend Kommunikation mit dem anderen Menschen auf der Herz- und Geistesebene, dann vergrößert eine solche Beziehung eher noch das Gefühl der Leere und zerstört beide. In dieser Beziehung geht es gewöhnlich recht stürmisch zu, und wir fügen uns gegenseitig Leid zu. Es ist eher ein Aberglaube zu meinen, eine sexuelle Beziehung würde uns helfen, uns weniger einsam zu fühlen. Wir sollten nicht darauf hereinfallen. In Wirklichkeit fühlen wir uns hinterher noch einsamer.

Die Vereinigung zweier Körper kann nur dann positiv sein, wenn Verständnis und Gemeinsamkeit auf der Herzens- und Geistesebene herrschen. Selbst bei Eheleuten trägt die körperliche Vereinigung eher zur Vergrößerung der Kluft bei, wenn die Vereinigung nicht auch auf der gefühlsmäßigen und geistigen Ebene vorhanden ist. Ist dies der Fall, dann rate ich, lieber auf die sexuelle Beziehung zu verzichten und erst einmal zu versuchen, einen Durchbruch in der gemeinsamen Kommunikation zu erreichen.

Wenn wir uns in verantwortungsvollem Umgang mit Sexualität üben, sollten wir stets die wahre Natur unserer Liebe betrachten, damit wir unsere Gefühle klar erkennen und sie uns nicht zum Narren halten. Manchmal haben wir das Gefühl, jemand anderen zu lieben, aber letztlich versuchen wir damit vielleicht doch nur, unsere eigenen egoistischen Bedürfnisse zu befriedigen. Wir haben vielleicht nicht tief genug geschaut, um die Bedürfnisse der anderen Person zu erkennen, und dazu gehört auch das Bedürfnis, sich sicher und geborgen fühlen zu können. Erlangen wir diese Form von Durchbruch, erkennen wir, dass der andere Mensch unseres Schutzes bedarf und dass wir ihn deshalb nicht einfach als Objekt unserer Begierde betrachten dürfen, als eine Art Handelsware. Sex wird heute in unserer Gesellschaft als Mittel benutzt, Produkte zu verkaufen. Betrachten wir die andere Person nicht als menschliches Wesen, das auch das Potenzial der Erleuchtung, Buddhanatur, in sich trägt, dann laufen wir Gefahr, den Sinn unserer Achtsamkeitsübungen in Bezug auf sexuelle Verantwortlichkeit zu verfehlen. Deshalb ist die Praxis, tief in die Natur unserer Liebe hineinzuschauen, besonders wichtig.

Soheit *(tathata)* ist ein buddhistischer Begriff, der so viel wie »wahre Natur« bedeutet. Alles und jedes hat seine Soheit; daran können wir es erkennen. Eine Orange hat ihre Soheit; deshalb können wir sie nicht mit einer Zitrone verwechseln. In Plum Village kochen wir mit Propangas, und wir kennen seine Soheit. Wir wissen, dass es sehr gefährlich ist, wenn es entweicht und jemand ein Streichholz anzündet. Aber wir wissen auch, dass wir mit Propangas ein wundervolles Essen zubereiten können, und deshalb laden wir es in unser Haus ein, damit es dort friedlich mit uns zusammenleben kann. Wir alle haben unsere eigene Soheit. Wollen wir in Frieden und Glück mit jemand anderem leben, so müssen wir die Soheit dieses Menschen und auch unsere eigene verstehen. Gelingt uns das, fällt es uns nicht schwer, friedlich und glücklich zusammenzuleben.

Meditieren bedeutet, tief in die Natur der Dinge hineinzuschauen. Das bezieht sich auch auf unsere eigene Natur und die des Menschen, den wir vor uns haben. Erkennen wir dessen wahre Natur, entdecken wir natürlich auch seine Schwierigkeiten, Hoffnungen, seine Ängste, sein Leid. Wir können uns hinsetzen, die Hand der Partnerin oder des

Partners ergreifen, sie oder ihn ganz aufmerksam anschauen und sagen: »Liebling, verstehe ich dich auch richtig? Begieße ich wirklich die Samen des Leidens in dir? Gebe ich den Samen der Freude Wasser? Sage mir bitte, wie ich dich besser lieben kann.« Sagen wir das aus tiefstem Herzen, beginnt der andere Mensch vielleicht zu weinen, und das ist ein gutes Zeichen. Es bedeutet, dass sich das Tor der Kommunikation vielleicht wieder zu öffnen beginnt.

In wirklicher Liebe ist immer Verantwortung enthalten, das Akzeptieren des anderen Menschen, so wie er ist, mit all seinen Stärken und Schwächen. Mögen wir nur die guten Seiten, dann hat das nichts mit Liebe zu tun. Wir müssen auch Schwächen akzeptieren und unsere Geduld, unser Verständnis und unsere Energie einbringen, um ihm bei der Transformation zu helfen. Der Begriff »Langzeit-Verbindung« verdeutlicht, was Liebe bedeutet. Zu wirklicher Liebe gehört eine lang andauernde, verbindliche Beziehung. »Ich möchte dich lieben, dir helfen, für dich sorgen. Ich will dich glücklich machen. Darum will ich mich bemühen. Aber nur für ein paar Tage.« Macht das irgendeinen Sinn? Wir haben Angst vor Verbindlichkeit. Wir wollen Freiheit. Dabei brauchen wir aber eine langjährige Verbindlichkeit, um unseren Sohn zu lieben und ihm auf seiner Lebensreise zur Seite zu stehen, solange wir selbst am Leben sind. Wir können doch nicht einfach sagen: »Jetzt liebe ich dich nicht mehr.« Auch mit einer guten Freundin entwickeln wir eine langfristige Verbindlichkeit. Wir brauchen sie. Um wie viel mehr gilt das für einen Menschen, mit dem wir unser Leben teilen wollen, unsere Seele, unseren Körper! Der Ausdruck »Langzeit-Verbindung« kann nicht die Tiefe unserer Liebe bezeichnen, aber wir können damit etwas ausdrücken, das die anderen Leute verstehen.

Eure intensiven Gefühle füreinander sind sehr wichtig, reichen aber nicht aus, um euer Glück zu erhalten. Ohne andere Anteile kann das, was ihr Liebe nennt, sehr schnell einen bitteren Beigeschmack bekommen. Wir bedürfen auch der Unterstützung durch Freundinnen und Freunde, durch andere Menschen. Deshalb gibt es Hochzeitszeremonien. Beide Familien treffen mit anderen Freundinnen und Freunden zusammen und sind Zeugen eures Zusammenschlusses als Paar. Der Priester und die Heiratsurkunde sind nur Symbole. Wichtig ist, dass eure Verbindung von Freundinnen und Freunden und den beiden Familien bezeugt wird. Von jetzt an stehen sie euch zur Seite. Eine lang andauernde Verbindung ist von größerer Stabilität und Dauer, wenn sie im Kreis einer Sangha geschlossen wird. Die Freundinnen, Freunde und die Familien bilden eine Art soziales Netz, und die Stärke eurer Gefühle ist nur einer der Fäden in diesem Netz. Viele einzelne Elemente unterstützen das Paar, und dadurch steht es voller Festigkeit da, wie ein Baum. Um kraftvoll zu sein, braucht der Baum mehr als eine Wurzel, die im Boden verankert ist. Mit nur einer Wurzel könnte ihn leicht ein kräftiger Wind umstürzen. So muss auch das Leben eines Paares Unterstützung und Halt erfahren von vielen Seiten – von den Familien, den Freundinnen und Freunden, seinen eigenen Idealen, der Praxis, der Sangha.

In Plum Village feiert anlässlich einer Hochzeit immer die ganze Gemeinschaft und bietet dem Paar ihre Unterstützung an. Später rezitiert das Paar an jedem Vollmondtag die fünf Vergegenwärtigungen und erinnert sich dabei daran, dass es überall Menschen gibt, die die Verbindung unterstützen. Ob eure Verbindung legalisiert ist oder nicht, ist nicht entscheidend. Sie wird immer kraftvoller und dauerhafter sein, wenn sie in Gegenwart der Sangha geschlossen wird – vor Freundinnen und Freunden, die euch gernhaben und euch im Geiste des Verstehens und der Liebe zur Seite stehen.

Bevor zwei Menschen heiraten, sollten sie Achtsamkeit miteinander praktizieren, und nach ihrer Eheschließung sollten sie als Manifestation ihrer Achtsamkeitsübung mit den fünf Vergegenwärtigungen fortfahren:

Wir sind uns bewusst, dass alle Generationen unserer Vorfahren und alle künftigen Generationen in uns gegenwärtig sind.
Wir sind uns der Erwartungen bewusst, die unsere Vorfahren, unsere Kinder und deren Kinder an uns stellen.
Wir sind uns bewusst, dass unsere Freude, Ruhe, Freiheit und Harmonie auch die Freude, Ruhe, Freiheit und Harmonie unserer Vorfahren, unserer Kinder und Kindeskinder sind.
Wir sind uns bewusst, dass Verstehen die eigentliche Grundlage der Liebe ist.
Wir sind uns bewusst, dass es uns niemals hilft, uns gegenseitig zu beschuldigen oder miteinander zu streiten, dass dies nur die Kluft zwischen uns vertieft und dass nur Verstehen, Vertrauen und Liebe uns helfen können, uns zu verändern und zu wachsen.

In der ersten Vergegenwärtigung erkennen wir uns selbst als ein Element im Weiterleben unserer Vorfahren und als Verbindungsglied zu künftigen Generationen. Wenn wir die Dinge so betrachten, dann wird uns klar, dass wir, wenn wir in der Gegenwart sorgsam mit unserem Körper und Bewusstsein umgehen, wir damit auch Sorge tragen für alle Generationen – die vergangenen und die zukünftigen.

Die zweite Vergegenwärtigung erinnert uns daran, dass unsere Vorfahren Erwartungen an uns richten und dass auch unsere Kinder und Kindeskinder dies tun. Unser Glück ist ihr Glück, unser Leid ihr Leid. Schauen wir aufmerksam, so erkennen wir, was unsere Kinder und Enkelkinder von uns erwarten. Wir mögen sie noch nicht als konkrete Persönlichkeiten erkennen, aber sie sprechen bereits zu uns. Sie möchten, dass wir so leben, dass es ihnen nicht schlecht ergeht, wenn sie sich manifestieren. Vietnamesische Buddhisten betrachten sich nicht als Individuen, die getrennt sind von ihren Vorfahren, sondern als Fortsetzung aller vorangegangenen Generationen. Alles, was ein Paar tut, dient also nicht nur der Befriedigung der jeweiligen individuellen geistigen und körperlichen Bedürfnisse, sondern setzt gleichzeitig auch die Hoffnungen und Erwartungen seiner Vorfahren um und bereitet den Weg für die künftigen Generationen.

Die dritte Vergegenwärtigung macht uns deutlich, dass Freude, Frieden, Freiheit und Harmonie nicht nur individuelle Angelegenheiten sind. Wir müssen so leben, dass die Vorfahren in uns Befreiung erlangen, und das bedeutet, dass auch wir Befreiung finden. Befreien wir sie nicht, sind auch wir unser Leben lang gefangen, und dies übertragen wir dann auf unsere Kinder und Enkelkinder. Jetzt ist es an der Zeit, unsere Eltern und Vorfahren in uns zu befreien. Wir können ihnen Freude, Frieden, Freiheit und Harmonie bieten, während wir all das zugleich unseren Kindern und Kindeskindern schenken. Solange unsere Vorfahren in uns leiden, können wir nicht wirklich glücklich sein. Machen wir auch nur einen achtsamen Schritt, berühren wir die Erde frei und glücklich, so tun wir dies für all unsere Vorfahren und nachfolgenden Generationen. Damit sind die ersten drei Vergegenwärtigungen alles Aspekte einer einzigen tiefgründigen Lehre. Sie müssen wir weiterhin studieren und praktizieren, um unser Verständnis zu vertiefen.

Auch die vierte Vergegenwärtigung ist eine grundlegende Lehre des Buddha. Wo Verstehen ist, da ist Liebe. Verstehen wir das Leid eines anderen, haben wir den Drang zu helfen, und die Energien der Liebe und des Mitgefühls werden freigesetzt. Mit dieser Geisteshaltung wird alles, was wir tun, der geliebten Person Glück und Befreiung bringen. Manchmal aber zerstören wir den Menschen, den wir lieben. Dann ist es wie bei dem amerikanischen General, der behauptete, seine Kampfbomber hätten die Stadt Ben Tre zerstören müssen, um sie zu retten. Wir müssen so praktizieren, dass alles, was wir für andere tun, ausschließlich zu deren Glück gereicht. Allein die Bereitschaft, zu lieben, reicht noch nicht aus. Wenn Menschen einander nicht wirklich verstehen, können sie sich unmöglich Liebe schenken.

Wenn wir heiraten, bilden wir eine Sangha zu zweit, um Liebe zu praktizieren. Wir sorgen füreinander, lassen unsere Partnerin, unseren Partner aufblühen wie eine Blume, und machen das Glück zu etwas ganz Realem. Glück ist keine individuelle Sache. Wenigstens einmal am Tag solltest du dich im Lächeln üben, nicht nur für dich, sondern auch für den Menschen, den du liebst. Gehmeditation solltest du praktizieren, nicht nur für ihn, sondern auch für dich. Wir sind mit vielen anderen Menschen und Wesen verbunden. Jeder Schritt, den wir tun, jedes Lächeln hat eine Wirkung auf alle anderen um uns herum. Dein Glück ist das Glück vieler Menschen.

Schau dir eine Eiche an. Sie scheint glücklich zu sein, und das Glück dieser Eiche ist auch das Glück der Vögel und das von uns allen. Wir alle genießen, dass es sie gibt. Auch deine Anwesenheit und dein Glück sind ganz wichtig für uns alle. Bist du glücklich, sind auch wir es. Bist du nicht glücklich, können wir nicht glücklich sein. Die fünf Vergegenwärtigungen praktizierst du nicht nur für dich allein, sondern für alle mit. Wenn du ganz intensiv die Gelübde umsetzt, die du bei deiner Hochzeitszeremonie abgelegt hast, dann wird die ganze Welt davon profitieren. Aber um deine Gelübde umsetzen zu können, brauchst du eine Gemeinschaft, die Eiche, die Sangha, uns alle.

»Durch meine Liebe zu dir möchte ich meine Liebe zum gesamten Kosmos, der gesamten Menschheit, zu allen Wesen ausdrücken. Indem ich mit dir lebe, möchte ich alle Menschen und alle Wesenheiten lieben lernen. Wenn ich in der Lage bin, dich zu lieben, kann ich auch alle Menschen und alle Wesenheiten auf Erden lieben.« Dies ist die wahre Botschaft der Liebe. Wie können wir große Schritte machen, ohne mit kleinen zu beginnen? In den ersten drei Jahren, so sollten wir es uns vornehmen, wollen wir Frieden, Glück und Freiheit in unserer kleinen Sangha umsetzen. Dabei sollten wir uns darüber im Klaren sein, dass wir uns im Kontext einer größeren Gemeinschaft befinden. Wir praktizieren mithilfe unserer Lehrerinnen und Lehrer, der Eltern, Freundinnen und Freunde und aller Lebewesen in der Welt der Tiere, der Pflanzen und Mineralien. »Durch dich zeige ich meine Liebe zu einer größeren Sangha. Also muss ich in der Lage sein, dich zu lieben, für dich gut zu sorgen und dich glücklich zu machen.«

Denke daran, dass du im Kontext einer Gemeinschaft praktizierst. Schenke, soweit es dir möglich ist, der Luft, dem Wasser, den Steinen, den Bäumen, Vögeln und den Menschen Glück. Praktizierst du mit dieser Geisteshaltung, dann wird dein Ehering zu einem Ring des Miteinander-verbunden-Seins, der Solidarität, Liebe und des Verstehens. Auch in deinem Alltag solltest du die Präsenz der Gemeinschaft stets spüren.

Berühre den Buddha, das Dharma und die Sangha in deinem Herzen, dann erhältst du die Art von Energie, die du immer dann benötigst, wenn dir Schwierigkeiten in deinem eigenen Leben oder in der Welt begegnen. Die Welt benötigt deine Achtsamkeit, braucht, dass du dessen gewärtig bist, was vor sich geht. Euer Zusammenschluss ist eine Chance, noch tiefer zu praktizieren und gleichzeitig die Unterstützung zu erhalten, die ihr benötigt.

In jedem Augenblick unseres Lebens, jedem Moment, der uns an Leben geschenkt wird, müssen wir zutiefst bewusst leben. Gelingt es dir erst einmal, nur einen Augenblick in deinem Leben tief und eindringlich zu erfahren, dann gelingt dir das schließlich auch mit allen Momenten in deinem Leben – du kannst es erlernen. Der französische Dichter René Char sagt: »Kannst du einen Augenblick verweilen, erfährst du die Ewigkeit.« Mache jeden Augenblick zu einer Chance, ganz intensiv zu leben, voller Glück, voller Frieden. Jeder Augenblick bedeutet eine Chance, Frieden mit der Welt zu schließen, Frieden in der Welt zu ermöglichen, Glück für die ganze Welt zu ermöglichen. Die Praxis eines achtsamen Lebens kann auch als Praxis des Glücks, der Liebe bezeichnet werden. Wir müssen in uns die Fähigkeit, glücklich und voller Liebe zu sein, entwickeln und pflegen. Die eigentliche Grundlage der Liebe ist Verstehen. Tiefes Schauen ist die grundlegende Praxis.

Wir wissen alle, dass Schuldzuweisungen und Streit niemals helfen, aber wir vergessen es leicht. Deshalb praktizieren wir die fünfte Vergegenwärtigung. Bewusstes Atmen hilft uns dabei, an diesem schwierigen Punkt innezuhalten und uns somit davor zu bewahren, in Schuldzuweisung und Streit zu verfallen.

Wir alle müssen uns positiv weiterentwickeln. Wenn wir heiraten, legen wir damit das Versprechen ab, uns zu ändern und auch dem anderen Menschen dabei behilflich zu sein, sich zu ändern, damit wir beide miteinander wachsen und die Früchte und den Fortschritt in der Praxis miteinander teilen können.

Wir haben die Verantwortung, füreinander Sorge zu tragen. Wir sind die, die das Wachstum der Blumen in uns überwachen. Sind wir voller Verstehen, dann wachsen die Blumen auf das Schönste. Jedes Mal, wenn der anderen Person etwas gut gelingt, sei es Veränderung oder Wachstum, dann sollten wir ihr gratulieren und unsere Zustimmung zeigen. Das ist ganz wichtig. Nichts sollten wir für selbstverständlich halten. Wenn die andere Person etwas von ihrem Talent und ihrer Fähigkeit, zu lieben und Glück zu erzeugen, umsetzt, sollten wir dessen gewahr sein und unsere Wertschätzung ausdrücken. So begießen wir die Samen des Glücks. Keinesfalls sollten wir zerstörerische Dinge sagen wie: »Ich weiß nicht, ob du das kannst« oder »Ich bezweifle, dass du das kannst«. Lieber sagen wir: »Das ist schwierig, mein Schatz, aber ich vertraue darauf, dass du das kannst.« Durch solche Ansprache wird die andere Person kraftvoller. Mit Kindern ist es genauso. Wir müssen die Selbstachtung unserer Kinder stärken. Was immer sie an Gutem sagen oder tun, sollten wir wertschätzen und beglückwünschen, um ihnen in ihrem Wachstum zu helfen. Sind wir verheiratet, können wir uns unsere Liebe so zeigen, dass wir einander jederzeit zu positiver Veränderung und zum Wachstum ermutigen.

Auch für diejenigen, die schon seit zehn oder zwanzig Jahren verheiratet sind, ist diese Art von Praxis bedeutsam. Ihr könnt achtsam miteinander leben und noch immer vom anderen Menschen lernen. Vielleicht habt ihr den Eindruck, bereits alles voneinander zu wissen, aber das ist nicht der Fall. Atomwissenschaftler untersuchen jahrelang ein einziges Staubteilchen, und noch immer nehmen sie nicht in Anspruch, alles darüber zu wissen. Wenn es schon mit einem Staubkörnchen so ist, wie kann dann ein Mensch von einem anderen sagen, er wisse alles über ihn? Du fährst Auto, ganz in deine eigenen Gedanken versunken, und schenkst deiner Ehepartnerin keinerlei Beachtung. »Ich weiß ja schon alles über sie«, denkst du. »Da gibt es nichts Neues an ihr.« Aber das ist nicht wahr. Wenn du sie so behandelst, stirbt sie langsam. Sie braucht deine Aufmerksamkeit, dein Hegen, deine Fürsorglichkeit.

In der Kunst, Glück zu erzeugen, müssen wir uns üben. Wenn wir in der Kindheit erlebt haben, was Mutter oder Vater taten, um der Familie Glück zu bringen, dann wissen wir bereits, was zu tun ist. Wenn unsere Eltern jedoch dazu nicht in der Lage waren, dann fehlt uns vielleicht das Knowhow. Deshalb lernen wir nun in unserer Meditationsgemeinschaft, wie man andere Menschen glücklich macht. Es geht nicht darum, etwas falsch oder richtig zu machen, sondern darum, ob man mehr oder weniger geschickt ist. Zusammenleben ist eine Kunst. Selbst mit viel gutem Willen kann es passieren, dass wir den anderen Menschen unglücklich machen. Guter Wille allein reicht nicht. Wir müssen die Kunst erlernen, andere glücklich zu machen. Kunst ist die Essenz des Lebens. Wenn du achtsam bist, bist du auch kreativer. Das habe ich durch die Praxis gelernt.

Eine Rose für deine Tasche

Der Gedanke »Mutter« kann von dem an »Liebe« nicht getrennt werden. Liebe ist süß, sanft und köstlich. Ohne Liebe kann ein Kind nicht aufblühen, ein Erwachsener nicht reifen. Ohne Liebe werden wir kraftlos und welken.

An dem Tag, an dem meine Mutter starb, habe ich in mein Tagebuch geschrieben: »Das größte Unglück meines Lebens ist geschehen.« Selbst ein alter Mensch fühlt sich nicht bereit, wenn er seine Mutter verliert. Auch er hat den Eindruck, noch nicht reif zu sein, plötzlich allein zu sein. Er fühlt sich ebenso verlassen und unglücklich wie ein Waisenkind.

Alle Lieder und Gedichte, die der Mütter gedenken, sind wunderschön, ohne jede Mühe wunderschön. Sogar Liedermacher und Dichter ohne viel Talent scheinen ihr Herz in diese Werke einfließen zu lassen. Auch wer sie vorträgt oder singt, scheint tief bewegt, vielleicht mit Ausnahme derer, die ihre Mutter zu früh verloren haben, um zu wissen, was Liebe zu einer Mutter bedeutet. Werke, die die guten Eigenschaften einer Mutter preisen, gibt es seit Beginn aller Zeiten überall auf der Welt.

Als ich noch ein Kind war, habe ich ein einfaches Gedicht gehört, das vom Verlust der Mutter handelt. Es ist immer noch sehr wichtig für mich. Wenn deine Mutter noch lebt, fühlst du vielleicht jedes Mal Zärtlichkeit für sie, wenn du es liest, und du fürchtest dieses ferne, doch unvermeidliche Ereignis.

In jenem Jahr – ich war noch ganz jung –
hat meine Mutter mich verlassen,
und ich begriff,
dass ich nun ein Waisenkind war.
Alle um mich herum weinten.
Ich litt stumm …

Als ich die Tränen fließen ließ,
fühlte ich meinen Schmerz nachlassen.
Der Abend umhüllte das Grab meiner Mutter,
leise erklang die Glocke der Pagode.
Und ich erkannte: Die Mutter zu verlieren
bedeutet, das ganze Universum zu verlieren.

Wir treiben viele Jahre lang in einem Meer zärtlicher Liebe und sind, ohne dass es uns so richtig bewusst ist, sehr glücklich darin. Erst wenn es zu spät ist, werden wir uns dessen bewusst.

Menschen, die auf dem Land leben, verstehen oft die komplizierte Sprache von Städtern nicht. Wenn Leute aus der Stadt die Mutter einen »Schatz der Liebe« nennen, finden sie das schon zu umständlich. In Vietnam vergleichen die Menschen auf dem Lande ihre Mutter mit der feinsten Sorte Bananen oder mit Honig, süßem Reis oder Zuckerrohr. Auf diese einfache und direkte Art drücken sie ihre Liebe aus. Für mich ist eine Mutter eine *ba-huong*-Banane von der feinsten Sorte, wie der beste *nep-mot*-Süßreis, wie das köstliche *mia-lau*-Zuckerrohr!

Bei Fieber hat man manchmal einen bitteren, schalen Geschmack im Mund, und nichts schmeckt. Erst wenn deine Mutter kommt und dich warm einpackt, dir sanft die Decke über das Kinn zieht, ihre Hand auf deine brennende Stirn legt (ist es wirklich eine Hand oder ist es himmlische Seide?) und leise flüstert: »Mein armer Schatz!«, fühlst du dich wieder gut, umgeben von der Süße ihrer mütterlichen Liebe. Ihre Liebe ist so köstlich – wie eine Banane, wie süßer Reis, wie Zuckerrohr.

Vaters Arbeit ist gewaltig, so riesig wie ein Berg. Mutters Hingabe ist überströmend, wie Wasser aus einer Bergquelle. Mütterliche Liebe ist das Erste, was wir an Liebe erfahren, sie ist der Ursprung aller Liebesgefühle. Unsere Mütter lehren uns als Erste die Liebe, das Wichtigste im Leben. Ohne meine Mutter hätte ich niemals wissen können, wie man liebt. Ihr verdanke ich es, dass ich meine Nachbarn lieben kann. Ihr verdanke ich es, dass ich alle Lebewesen lieben kann. Durch sie habe ich meine ersten Vorstellungen von Verstehen und Mitgefühl bekommen. Die Mutter ist der Urgrund aller Liebe. Viele Religionen erkennen dies und erweisen einer Mutterfigur, wie der Jungfrau Maria oder der Göttin Kuan Yin, ihre tiefe Verehrung. Es hat kaum je ein kleines Kind seinen Mund zum Weinen geöffnet, ohne dass seine Mutter gleich zur Wiege stürzte. Die Mutter ist ein sanfter und süßer Geist, der Unglück und Sorgen verschwinden lässt. Schon wenn das Wort »Mutter« ausgesprochen wird, fühlen wir überströmende Liebe in unserem Herzen. Von der Liebe ist es nur ein kurzer Weg zum Glauben und Tun.

Im Westen feiert man im Mai Muttertag. Ich komme aus einer ländlichen Gegend in Vietnam und hatte von dieser Tradition noch nie gehört. Eines Tages besuchte ich zusammen mit dem Mönch Thien An den Ginza-Distrikt in Tokio. Vor einer Buchhandlung trafen wir mehrere japanische Studenten, die mit Thien An befreundet waren. Eine Studentin stellte ihm diskret eine Frage, nahm dann eine weiße Nelke aus der Tasche und steckte diese an meine Robe. Ich war überrascht und ein wenig verlegen. Ich hatte keine Ahnung, was diese Geste zu bedeuten hatte, und ich traute mich auch nicht zu fragen. Ich versuchte, mich unbefangen zu verhalten, und ich dachte, dass es sich wohl um einen lokalen Brauch handelte.

Als sie ihr Gespräch beendet hatten (ich spreche kein Japanisch), gingen Thien An und ich in die Buchhandlung, und er erzählte mir, dass heute der sogenannte Muttertag sei. In Japan trägst du, wenn deine Mutter noch am Leben ist, eine rote Blume in deiner Hemdtasche oder an deinem Revers, stolz darauf, dass du deine Mutter noch hast. Wenn sie nicht mehr lebt, trägst du eine weiße Blume. Ich schaute auf die weiße Blume an meiner Robe und fühlte mich auf einmal ganz unglücklich. Ich war ebenso eine Waise wie all die anderen Unglücklichen; wir Waisen konnten nicht mehr stolz rote Blumen in unseren Knopflöchern tragen. Diejenigen mit den weißen Blumen leiden, und ihre Gedanken kehren immer wieder zu ihrer Mutter zurück. Sie können nicht vergessen, dass es ihre Mutter nicht mehr gibt. Diejenigen, die rote Blumen tragen, sind sehr glücklich, weil sie wissen, dass ihre Mutter noch am Leben ist. Sie können versuchen, ihr Freude zu machen, bevor sie nicht mehr da ist und es zu spät ist. Ich finde, dies ist ein wunderbarer Brauch. Ich schlage vor, dass wir in Vietnam dasselbe tun und im Westen auch.

Die Mutter ist eine grenzenlose Quelle der Liebe, ein unerschöpflicher Schatz. Aber unglücklicherweise vergessen wir das manchmal. Eine Mutter ist das schönste Geschenk, das uns das Leben macht. Für diejenigen von euch, die ihre Mutter noch haben – bitte wartet nicht bis zu ihrem Tod, um dann zu sagen: »Mein Gott, ich habe in all diesen Jahren neben meiner Mutter gelebt, ohne sie je so richtig anzusehen. Immer nur kurze Blicke, ein paar Worte gewechselt – um ein bisschen Taschengeld gebeten oder um dieses und jenes.« Du hast dich an sie gekuschelt, um dich zu wärmen, hast manchmal geschmollt oder warst wütend auf sie. Du hast ihr das Leben schwer gemacht, hast ihr Sorgen bereitet und ihrer Gesundheit geschadet, weil sie deinetwegen erst spät schlafen gehen konnte und schon früh wieder aufstehen musste. Viele Mütter sterben jung wegen ihrer Kinder. Solange sie lebt, erwarten wir, dass sie kocht, wäscht und hinter uns herräumt, während wir nur an unsere Zensuren und unsere Karriere denken. Unseren Müttern bleibt gar keine Zeit, uns mit Muße anzusehen, und wir sind zu beschäftigt, um sie genauer zu betrachten. Erst wenn sie nicht mehr da ist, erkennen wir, dass es uns nie bewusst war, dass wir eine Mutter hatten.

Wenn du heute Abend von der Schule oder von der Arbeit heimkommst oder wenn du das nächste Mal deine Mutter besuchst, hast du vielleicht den Wunsch, zu ihr ins Zimmer zu gehen und dich mit einem ruhigen, stillen Lächeln neben sie zu setzen. Sage erst einmal nichts und lass sie ihre Arbeit beenden. Dann schau sie eine Weile an, schau sie wirklich an. Tu es, um sie zu sehen, um zu erkennen, dass sie da ist, dass sie lebt, hier, neben dir. Nimm ihre Hand und stelle ihr eine kurze Frage, um ihre Aufmerksamkeit zu wecken: »Mutter, weißt du was?« Sie wird ein wenig überrascht sein und wahrscheinlich lächeln, wenn sie dich jetzt fragt: »Was denn, mein Schatz?« Sieh ihr weiter in die Augen, lächle sanft und sage zu ihr: »Weißt du, dass ich dich lieb habe?« Stell diese Frage, ohne auf eine Antwort zu warten. Selbst wenn du dreißig, vierzig Jahre oder älter bist, frage sie als das Kind, das du ihr gegenüber bist. Ihr beide, deine Mutter und du, seid jetzt sicher sehr glücklich, und ihr wisst, dass ihr für immer in Liebe miteinander verbunden seid. Morgen, wenn sie dich verlässt, hast du dann nichts zu bereuen.

In Vietnam hören wir uns am Ullambana-Feiertag Geschichten und Legenden an über den Bodhisattva Maudgalyayana und über die Liebe von Kindern, die Arbeit des Vaters, die Hingabe der Mutter, die Pflicht des Kindes. Jeder betet für ein langes Leben seiner Eltern oder, falls sie schon tot sind, für ihre Wiedergeburt im himmlischen Reinen Land. Wir glauben, dass ein Kind, das seine Eltern nicht liebt, innerlich arm ist. Doch die Hingabe eines Kindes wird aus der Liebe selbst geboren. Ohne Liebe ist die kindliche Hingabe nur künstlich. Wenn Liebe da ist, reicht das allein schon aus; unnötig ist, dann von Verpflichtungen zu sprechen. Es genügt, wenn du deine Mutter liebst. Dies ist keine Pflicht, sondern es ist ganz natürlich, so wie das Trinken, wenn du durstig bist. Jedes Kind hat eine Mutter, und es ist vollkommen natürlich, sie zu lieben. Die Mutter liebt ihr Kind, und das Kind liebt seine Mutter. Das Kind braucht seine Mutter, und die Mutter braucht ihr Kind. Wenn die Mutter ihr Kind nicht braucht und das Kind seine Mutter nicht, dann ist das keine Mutter, und dann ist dies auch kein Kind. Es ist dann ein Missbrauch der Worte »Mutter« und »Kind«.

Als ich klein war, fragte mich einmal einer meiner Lehrer: »Was musst du tun, wenn du deine Mutter liebst?« Ich antwortete ihm: »Ich muss ihr gehorchen, ihr helfen, für sie sorgen, wenn sie alt ist, für sie beten und den Altar der Ahnen hüten, wenn sie für immer hinter den Bergen verschwunden ist.« Heute weiß ich, dass das Wort »was« in seiner Frage überflüssig war. Wenn du deine Mutter liebst, musst du nichts *tun*. Du liebst sie; das genügt. Deine Mutter zu lieben ist keine Frage von Moral oder Tugend.

Bitte denkt nicht, dass ich dies geschrieben habe, um euch eine Lektion in Moral zu erteilen. Eure Mutter zu lieben bringt euch Gewinn. Eine Mutter ist wie eine Quelle reinen Wassers, wie das feinste Zuckerrohr oder wie der Honig, wie der beste süße Reis. Wenn ihr nicht wisst, wie ihr die Ernte nutzen könnt, ist das ein Unglück für euch. Ich möchte euch das nur zu Bewusstsein bringen und euch helfen zu vermeiden, dass ihr eines Tages klagt, das Leben würde euch nichts mehr geben. Wenn ein solches Geschenk wie die Gegenwart eurer eigenen Mutter euch nicht zufriedenstellt, werdet ihr wahrscheinlich selbst dann nicht zufrieden sein, wenn ihr der Vorsitzende eines großen Unternehmens oder Königin des Universums wärt. Ich weiß, dass sogar der Alles-Erschaffende nicht glücklich ist, denn der Schöpfer entsteht spontan und hat nicht das gute Schicksal, eine Mutter zu haben.

Ich möchte euch eine Geschichte erzählen. Bitte haltet mich nicht für verantwortungslos. Es hätte ja auch sein können, dass meine Schwester nicht geheiratet hätte und dass ich kein Mönch geworden wäre. Jedenfalls haben wir beide unsere Mutter verlassen – meine Schwester, um ein neues Leben an der Seite des Mannes zu führen, den sie liebte, und ich, um einem Lebensideal zu folgen, das ich bewunderte. Am Abend, als meine Schwester heiratete, sah ich, dass meine Mutter nicht einen Bissen zu sich nahm. Sie sagte: »Achtzehn Jahre lang hat sie mit uns gegessen, und heute ist dies ihre letzte Mahlzeit hier, bevor sie in das Haus einer anderen Familie geht und dort ihre Mahlzeiten einnimmt.« Meine Schwester weinte, ihren Kopf fast bis auf den Teller gesenkt, und sagte: »Mama, ich werde nicht heiraten.« Aber sie heiratete trotzdem. Was mich betrifft: Ich verließ meine Mutter, um Mönch zu werden. Um jene zu beglückwünschen, die fest entschlossen sind, ihre Familien zu verlassen und Mönch zu werden, sagt man, dass sie dem Weg des Verstehens folgen, aber ich bin nicht stolz darauf. Ich liebte meine Mutter, aber ich hatte auch ein Ideal, und um ihm zu folgen, musste ich sie verlassen – das war schon schlimm für mich.

Im Leben muss man manchmal schwierige Entscheidungen treffen. Wir können nicht zwei Fische auf einmal fangen, mit jeder Hand einen. Es ist schwierig, denn wenn wir akzeptieren, erwachsen zu werden, müssen wir auch akzeptieren zu leiden. Ich bereue es nicht, dass ich meine Mutter verlassen habe, um Mönch zu werden, aber es tut mir leid, dass ich eine solche Entscheidung treffen musste. Ich hatte nicht die Möglichkeit, wirklich von diesem kostbaren Schatz zu profitieren. Jede Nacht bete ich für meine Mutter, aber es ist mir nicht mehr möglich, die feine *ba-huong*-Banane, den besten süßen *nep-mot*-Reis und das köstliche *mia-lau*-Zuckerrohr zu genießen. Denkt nun bitte nicht, dass ich euch vorschlagen will, eure Karriere abzubrechen und zu Hause an der Seite eurer Mutter zu bleiben. Ich sagte schon, dass ich euch keine Lektion in Sachen Moral erteilen will. Ich möchte euch nur daran erinnern, dass eine Mutter wie eine Banane ist, wie guter Reis, wie Honig, wie Zucker. Sie ist Zärtlichkeit, sie ist Liebe; deshalb, meine Brüder und Schwestern, vergesst sie bitte nicht. Vergessen bedeutet einen ungeheuren Verlust, und ich hoffe, dass ihr niemals, sei es aus Unwissenheit oder Mangel an Aufmerksamkeit, einen solchen Verlust erleiden müsst. Mit Freude stecke ich euch eine rote Blume an, eine Rose, damit ihr glücklich seid. Das ist alles.

Sollte ich einen Rat geben, so würde er lauten: Wenn du heute Abend von der Schule oder der Arbeit heimkommst oder das nächste Mal, wenn du deine Mutter besuchst – geh zu ihr ins Zimmer, ruhig, still, und setz dich mit einem Lächeln zu ihr. Sage zunächst nichts, lass sie ihre Arbeit beenden und schau sie eine Weile an, aber wirklich, damit du sie siehst, erkennst, dass sie da ist, lebt, dass sie neben dir sitzt. Nimm dann ihre Hand und sage: »Mutter, weißt du was?« Überrascht wird sie dich fragen: »Was denn, Schatz?« Dann schaust du ihr mit einem Lächeln in die Augen und sagst: »Weißt du, dass ich dich lieb habe?« Erwarte auf diese Frage keine Antwort. Selbst im Alter von dreißig, vierzig oder mehr Jahren kannst du sie so fragen, denn du bist ihr Kind. Ihr beide, deine Mutter und du, seid nun glücklich und wisst, dass ihr für immer in Liebe verbunden seid. Und wenn sie dich morgen verlässt, gibt es nichts zu bereuen.

Neubeginn

Hast du einen Menschen, den du liebst? Wir alle wollen lieben und geliebt werden. Wenn du niemanden hast, den du lieben kannst, dann verdorrt möglicherweise dein Herz. Liebe bringt uns und denen, die wir lieben, Glück. Vielleicht möchten wir jemandem helfen, der in Not ist. Wir möchten vielleicht Kinder lieben, die hungern, behindert sind oder missbraucht wurden – wir möchten ihnen ihr Leid abnehmen. Diese Liebe tragen wir in uns in der Hoffnung, sie eines Tages umsetzen zu können. Begegnen wir aber tatsächlich solchen Kindern, fällt es uns vielleicht schwer, sie zu lieben. Sie sind vielleicht frech, lügen uns an, manche stehlen auch, und langsam schwindet unsere Liebe zu ihnen. Wir hatten die Idee, dass es wunderbar wäre, bedürftige Kinder zu lieben, aber wenn wir mit der Wirklichkeit konfrontiert werden, hat unsere Liebe keinen Bestand. Entdecken wir, dass unser Liebesobjekt gar nicht so liebenswert ist, empfinden wir Enttäuschung, Scham und Bedauern. Wir kommen uns wie Versager vor. Wenn wir schon kein armes oder behindertes Kind lieben können, wen denn dann?

Eine beachtliche Zahl der Bewohner von Plum Village, die vietnamesischer Abstammung sind, möchte gern nach Vietnam zurückkehren und dort den Kindern und Erwachsenen helfen. Durch den Krieg ist in den Herzen der Menschen eine tiefe Kluft, sind viel Hass und Misstrauen entstanden. Diese Mönche, Nonnen und Laien möchten nun in ihr Heimatland zurückkehren, die Menschen dort in ihre Arme schließen und ihnen in ihrer leidvollen Situation helfen. Aber bevor sie zurückkehren, müssen sie sich gut vorbereiten. Denn die Menschen, denen sie helfen wollen, sind vielleicht nicht einfach zu lieben. Wirkliche Liebe muss auch die schwierigen Menschen mit einschließen, die, die unangenehm sind. Kehren diese Helfer nun nach Vietnam zurück, ohne zuvor gelernt zu haben, auf tiefe Weise zu lieben und zu verstehen, dann wird es für sie sehr leidvoll werden, mit den Menschen, die sie dort als unangenehm erleben, zusammen zu sein; am Ende werden sie sie vielleicht sogar hassen.

Ihr glaubt, ihr könnt die Welt ändern, aber seid nicht zu naiv. Glaubt bitte nicht, ihr brauchtet nur in Vietnam anzukommen, und schon könntet ihr euch mit allen Konfliktparteien zusammensetzen und eine Gemeinschaft bilden. Vielleicht seid ihr in der Lage, wunderbare Dharmareden über Harmonie zu halten, aber wenn ihr nicht aufpasst und gewappnet seid, wird es euch kaum gelingen, eure Worte in die Tat umzusetzen. Es gibt in Vietnam bereits Menschen, die hervorragende Dharmareden halten können, die darlegen können, wie man sich versöhnt und harmonisch miteinander lebt. Wir dürfen aber nicht nur darüber *reden*. Praktizieren wir nicht, was wir predigen, was haben wir dann auch nur irgendjemandem anzubieten?

Wir müssen uns in Harmonie bezüglich unserer Ansichten und unserer Redeweise üben. Wir tauschen unsere Meinungen aus, um tieferes Verstehen zu erlangen, und wir benutzen eine liebevolle Redeweise, um andere zu inspirieren, nicht zu verletzen. Wir praktizieren Gehmeditation, wir essen gemeinsam und diskutieren, sodass wir Liebe und Verstehen verwirklichen können. Wenn die älteren Schwestern sich nicht die Hand reichen, als Kinder einer gemeinsamen Mutter, wie kann die jüngere Schwester voller Vertrauen in die Zukunft blicken? Gelingt es dir, zu atmen und zu lächeln, wenn deine Schwester etwas Unfreundliches sagt, dann zeigt sich hier der Beginn der Liebe. Du brauchst gar nicht woanders hinzugehen, um dort zu dienen. Gleich hier kannst du helfen, da, wo du gerade bist – durch Gehmeditation, Lächeln und durch deine Augen, die andere liebevoll anstrahlen.

Wir möchten gern losziehen mit dem, was wir gelernt haben. Wenn wir aber nicht achtsames Atmen praktizieren, um die Knoten in uns selbst zu lösen – Knoten des Ärgers und der Wut, der Traurigkeit, Eifersucht und Gereiztheit –, was sollen wir dann andere lehren? In unserem Alltag müssen wir die Lehren verstehen und praktizieren. Die Menschen müssen erfahren, wie es uns gelingen kann, unser eigenes Leid zu überwinden und die Verwirrung im eigenen Herzen. Wenn wir über das Dharma sprechen, müssen unsere Worte voller Kraft sein. Das gelingt jedoch nicht, wenn unsere Worte nur von Ideen und Theorien gespeist werden, selbst wenn es sich dabei um die Sutren handelt. Nur das können wir vermitteln, was wir selbst erfahren haben. Vor acht Jahren habe ich ein Retreat für Vietnamkriegs-Veteranen organisiert. Viele der Männer und Frauen auf diesem Retreat verspürten eine enorme Schuld wegen der Dinge, die sie getan oder mitangesehen hatten; mir war deshalb klar, dass ich einen Weg zum Neubeginn finden musste, der ihnen bei der Verwandlung behilflich sein konnte. Ein Veteran erzählte mir, er habe in seiner Zeit in Vietnam einem verwundeten Mädchen das Leben retten wollen. Sie war dem Tode nahe. Er zog sie in seinen Hubschrauber hinein, aber es gelang ihm nicht, ihr Leben zu retten. Sie starb, während sie ihn direkt anschaute, und diesen Blick konnte er nie vergessen. Sie trug ihre Hängematte bei sich, denn als Angehörige der Guerilla schlief sie nachts im Urwald. Als sie starb, nahm er ihre Hängematte an sich und ließ sie von da an nicht mehr los. Manchmal klammern wir uns an unserem Leid fest. Diese Hängematte symbolisierte sein ganzes Leid, all seine Scham.

Während des Retreats saßen die Veteranen im Kreis und sprachen über ihr Leid, einige zum ersten Mal. In solch einem Retreat für Kriegsveteranen braucht man sehr viel Liebe und Unterstützung. Einige der Veteranen waren nicht in der Lage, Gehmeditation zu machen, weil es sie zu sehr an die Zeit erinnerte, als sie durch den Dschungel in Vietnam streiften, jederzeit in Gefahr, auf eine Mine zu treten oder in einen Hinterhalt zu geraten. Ein Mann ging in großer Distanz hinter uns anderen, damit er, wenn irgendetwas geschehen würde, schnell weglaufen könnte. In einer solchen psychischen Verfassung leben Kriegsveteranen.

Am letzten Tag des Retreats hielten wir eine Zeremonie für die im Krieg Getöteten ab. Die Anwesenden schrieben einen Zettel mit Namen der Menschen, von denen sie wussten, dass sie getötet worden waren, und legten ihn auf den Altar, den wir eigens dafür errichtet hatten. Ich nahm ein Weidenblatt, um damit Wasser auf die Namen der Getöteten und auch auf die Veteranen zu sprenkeln. Danach machten wir eine Gehmeditation zum See hin und hielten eine Zeremonie ab, um das Leid zu verbrennen. Der bereits erwähnte Veteran wollte noch immer nicht von der Hängematte lassen, aber schließlich legte er sie doch ins Feuer. Als sie brannte, gingen auch all die Schuldgefühle und alles Leid in seinem Herzen in Flammen auf. Wir haben schon einen, zwei, drei Schritte getan auf dem Weg der Verwandlung. Auf diesem Weg müssen wir fortschreiten.

Ein anderer Veteran erzählte, dass fast alle in seiner Einheit von der Guerilla getötet worden waren. Die Überlebenden waren darüber so voller Wut, dass sie auf die Idee kamen, Kuchen zu backen, in denen sich Sprengstoff befand. Diese Kuchen stellten sie am Straßenrand auf. Einige vietnamesische Kinder kamen vorbei, entdeckten die Kuchen und aßen sie auf, und der Sprengstoff explodierte in ihren Körpern. Sie wälzten sich vor Schmerz am Boden. Ihre Eltern bemühten sich, sie zu retten, aber sie konnten nichts mehr für ihre Kinder tun. Dieses Bild der sich am Boden wälzenden Kinder, die sterben mussten wegen dieser explodierenden Kuchen, hatte sich so tief in das Herz des Veteranen eingebrannt, dass er sich auch heute, zwanzig Jahre später, noch immer nicht in einem Raum mit Kindern aufhalten konnte. Sein Leben war die Hölle. Nachdem er uns diese Geschichte erzählt hatte, erläuterte ich ihm die Praxis des Neubeginns.

Ein Neubeginn ist nicht leicht. Auf sehr praktische, konkrete Weise müssen wir unser Herz und unseren Geist transformieren. Wir fühlen gewiss Scham, aber Scham allein reicht nicht aus, unser Herz zu verändern. So sagte ich zu ihm: »An jenem Tag hast du fünf oder sechs Kinder getötet? Kannst du heutzutage das Leben von fünf oder sechs Kindern retten? Überall auf der Welt sterben Kinder durch Krieg, Unterernährung und Krankheit. Du denkst noch fortwährend an die Kinder, die du in der Vergangenheit getötet hast, aber was ist mit den Kindern, die *heute* sterben? Du besitzt noch immer deinen Körper, dein Herz, du kannst noch ganz viel tun, um Kindern zu helfen, die im jetzigen Augenblick sterben müssen. Lass bitte den Geist der Liebe in deinem Herzen entstehen, und hilf Kindern in den Lebensjahren, die dir noch bleiben, mach dies zu deiner Arbeit.« Das wollte er tun, und auf diese Weise war es ihm möglich, seine Schuldgefühle umzuwandeln.

Neubeginn bedeutet nicht, um Vergebung zu bitten. Neubeginn heißt, dass du dein Herz und deinen Geist verwandeln musst, um die Unwissenheit zu verwandeln, die dich zu falschem Handeln mit Körper, Rede und Geist veranlasst hat. So kannst du den Geist der Liebe in dir entwickeln. Scham und Schuld verschwinden, und du beginnst, Lebensfreude zu empfinden. Alle Untaten entstehen im Geist. Und durch den Geist können sie auch verschwinden.

Jede Woche führen wir in Plum Village eine Zeremonie des Neubeginns durch. Alle sitzen im Kreis, in der Mitte steht eine Vase mit frischen Blumen, und wir folgen unserem Atem, während wir darauf warten, dass die Person, die die Zeremonie leitet, beginnt. Es gibt drei Teile: Begießen der Blumen, Bedauern ausdrücken und Verletztheit und Schwierigkeiten äußern. Diese Praxis kann vermeiden helfen, dass sich Verletztheitsgefühle wochenlang anstauen, und jeder in der Gemeinschaft kann sich sicher fühlen.

Wir beginnen mit dem Begießen der Blumen. Ist jemand bereit zu sprechen, legt er oder sie die Handflächen aneinander, und dasselbe tun dann die anderen, als Zeichen, dass die Person sprechen darf. Sie steht nun auf, schreitet langsam zur Blume, nimmt die Vase in die Hand und begibt sich an ihren Platz zurück. Während sie spricht, sind ihre Worte der Widerschein der Frische und Schönheit der Blume in ihrer Hand. Während dieses Begießens der Blume würdigt jede Sprecherin, jeder Sprecher die heilsamen wundervollen Qualitäten der anderen. Das ist keine Schmeichelei; stets sprechen wir die Wahrheit. Jeder Mensch hat starke Qualitäten, die man mit einiger Achtsamkeit erkennen kann. Niemand darf die Person, die die Blume hält, unterbrechen. Sie hat alle Zeit zur Verfügung, die sie braucht, und alle anderen praktizieren tiefes Zuhören. Hat sie ihre Rede beendet, erhebt sie sich und stellt die Vase langsam wieder zurück in die Mitte des Raums.

Im zweiten Teil der Zeremonie drücken wir unser Bedauern über alles aus, was wir getan haben, um andere zu verletzen. Manchmal reicht ein unüberlegter Satz, um jemandem wehzutun. Die Zeremonie des Neubeginns ist eine Gelegenheit, uns an Dinge zu erinnern, die wir bereits am Anfang der Woche bedauert haben, und jetzt das Bedauern loszulassen. Im dritten Teil der Zeremonie äußern wir uns darüber, wie andere uns verletzt haben. Dabei ist eine liebevolle Redeweise ganz wesentlich. Wir wollen ja die Gemeinschaft heilen und nicht ihr schaden. Wir sprechen ganz offen, ohne dabei aber destruktiv zu sein. Ein wesentlicher Teil der Praxis ist die Meditation des tiefen, aufmerksamen Zuhörens. Wenn wir mit Freundinnen und Freunden im Kreis sitzen, die alle diese Art des Zuhörens praktizieren, dann wird unsere Rede schöner und konstruktiver. Niemals beschuldigen wir jemanden oder streiten uns.

Unerlässlich ist ein Zuhören voller Mitgefühl. Unsere Absicht beim Zuhören ist es, dem anderen Menschen sein Leid abzunehmen, nicht, ihn zu verurteilen oder mit ihm zu rechten. Mit unserer ganzen Aufmerksamkeit hören wir zu. Selbst wenn wir etwas Unwahres vernehmen, fahren wir fort, tief und aufmerksam zuzuhören, damit die andere Person über ihr Leid sprechen kann und so die Spannung in sich abbaut. Wenn wir nämlich auf sie eingehen oder sie korrigieren, trägt diese Praxis keine Früchte. Also hören wir einfach zu. Wenn wir der anderen Person wirklich sagen müssen, dass ihre Auffassung nicht stimmt, so können wir das ein paar Tage später tun, privat und in Ruhe. Bei der nächsten Sitzung zum Neubeginn ist sie es dann vielleicht, die ihren Irrtum berichtigt, und wir brauchen dann gar nichts zu sagen. Wir beenden die Zeremonie mit einem Lied, oder wir halten uns alle an den Händen und atmen gemeinsam eine Minute lang. Manchmal hören wir auch mit einer Umarmungsmeditation auf.

Die Umarmungsmeditation habe ich erfunden. 1966 war es, als eine Dichterin mich zum Flughafen von Atlanta brachte und mich fragte: »Ist es in Ordnung, einen buddhistischen Mönch zu umarmen?« In meiner Heimat ist es nicht üblich, uns auf diese Weise auszudrücken, aber ich dachte mir: »Ich bin ein Zen-Lehrer, also sollte das für mich kein Problem sein.« Also sagte ich: »Warum eigentlich nicht?«, und sie umarmte mich. Aber damals war ich ziemlich steif. Als ich nun im Flugzeug saß, beschloss ich, dass ich als Lehrer, der mit westlichen Menschen arbeitet, auch deren westliche Sitten kennenlernen musste, und so erfand ich die Umarmungsmeditation.

Die Umarmungsmeditation ist eine Kombination aus Ost und West. Gemäß dieser Praxis musst du den Menschen, den du gerade umarmst, auch wirklich in die Arme nehmen. Dabei musst du ihn ganz wirklich werden lassen in deinen Armen, nicht nur als äußerliche Geste, etwa, indem du ihm auf den Rücken klopfst und nur so tust, als seist du da. Du atmest ganz bewusst und umarmst den Menschen mit deinem ganzen Körper, Geist und Herzen. Umarmungsmeditation ist eine Praxis der Achtsamkeit. »Ich atme ein und weiß, dieser mir liebe Mensch ist hier in meinen Armen, ganz lebendig. Ich atme aus, und er ist mir ganz kostbar.« Atmest du auf diese Weise ganz tief, hältst dabei die Person, die dir so lieb ist, dann wird sich die Energie der liebevollen Zuwendung, der Liebe und der Achtsamkeit auf sie übertragen, wird sie nähren, und sie wird erblühen wie eine Blume.

Auf einem Retreat für Psychotherapeuten in Colorado praktizierten wir Umarmungsmeditation, und es geschah, dass einer der Kursteilnehmer seine Frau, die ihn bei seiner Rückkehr nach Philadelphia am Flughafen abholte, nun auf eine Weise umarmte, wie er es nie zuvor getan hatte. Das veranlasste seine Frau, an unserem nächsten Retreat in Chicago teilzunehmen. Um wirklich da zu sein, brauchst du nur achtsam zu atmen, und auf einmal werdet ihr beide ganz wirklich. Das kann einer der schönsten Momente in deinem Leben sein.

Nach der Zeremonie des Neubeginns fühlen sich alle in der Gemeinschaft unbeschwert, wirklich erleichtert, auch wenn wir erst die Anfangsschritte in Richtung auf eine Heilung hin getan haben. Jetzt ist das Vertrauen da, dass wir, einmal auf dem Weg, weitermachen können. Bis auf die Zeit des Buddha geht diese Praxis zurück; damals praktizierten die Gemeinschaften der Mönche und Nonnen den Neubeginn zu jedem Vollmond und jedem Neumond. Durch die von uns durchgeführte Praxis mit den Kriegsveteranen und anderen Menschen haben wir diese Form in unsere Gemeinschaft mit aufgenommen. Ich hoffe, du wirst nun auch jede Woche mit deiner Familie den Neubeginn praktizieren.

Es gibt eine weitere Praxis, die dir helfen kann, in deiner Familie und deinen Beziehungen Frieden zu erleben. Es handelt sich um den Friedensvertrag.

Damit wir lange und glücklich zusammenleben mögen, damit wir unsere Liebe und unser Verständnis ständig weiterentwickeln und vertiefen, geloben wir, die Unterzeichnenden, Folgendes zu beachten und zu üben:
Ich, die oder der ich ärgerlich bin, willige ein,

1. *es zu unterlassen, irgendetwas zu sagen oder zu tun, das zu weiterem Schaden oder zum Anwachsen des Ärgers führen könnte;*
2. *den Ärger nicht zu unterdrücken;*
3. *atmen zu üben und Zuflucht zu mir selbst als Insel zu nehmen;*
4. *dem Menschen, der mich ärgerlich stimmte, ruhig und innerhalb von vierundzwanzig Stunden von meinem Ärger*

und meinem Leid entweder verbal oder durch das Zukommenlassen einer Friedensbotschaft[26] zu berichten;

5. *eine Verabredung gegen Ende der Woche (zum Beispiel Freitagabend) zu erbitten, um diese Angelegenheit noch eingehender, entweder verbal oder mittels einer Friedensbotschaft, zu diskutieren;*
6. *nicht zu sagen: »Ich bin nicht ärgerlich. Es ist schon in Ordnung. Ich leide nicht. Es gibt keinen Grund, sich zu ärgern – zumindest keinen, der ausreichen würde, um mich ärgerlich werden zu lassen«;*
7. *atmen zu üben und tief in mein tägliches Leben hineinzuschauen – während ich sitze, liege, stehe und gehe –, um Folgendes zu erkennen:*
   - *wie ungeschickt ich selbst von Zeit zu Zeit bin,*
   - *wie ich den anderen Menschen aufgrund meiner Gewohnheiten verletzt habe,*
   - *wie der starke Same des Ärgers in mir die Hauptursache für meinen Ärger bildet,*
   - *wie das Leiden des anderen Menschen, das den Samen meines Ärgers wässert, die Nebenursache bildet,*
   - *wie der andere Mensch einzig nach Erleichterung von seinen Leiden strebt,*

26 Wenn du dich noch nicht sicher genug fühlst, ruhig sprechen zu können, und die vierundzwanzig Stunden aber bald um sind, kannst du die folgende »Friedensbotschaft« verwenden:
Datum .... Zeit ....
Liebe / r …
Heute (früh) sagtest / tatest du etwas, das mich sehr ärgerlich gemacht hat. Das hat mir viel ausgemacht. Ich möchte, dass du das weißt. Du sagtest / tatest …
Bitte lass uns beide betrachten, was du gesagt / getan hast, und die Angelegenheit gemeinsam in Ruhe und auf offene Weise am Freitagabend erörtern.
Dein / e zur Zeit nicht sehr glückliche / r …

- *dass ich selbst nicht wahrhaft glücklich werden kann, solange der oder die andere leidet;*

8. *mich sofort, wenn ich meine Ungeschicktheit und meinen Mangel an Aufmerksamkeit bemerke, zu entschuldigen, ohne bis Freitagabend zu warten;*
9. *diese Freitag-Verabredung zu verschieben, wenn ich mich nicht ruhig genug fühle, um dem oder der anderen zu begegnen.*

***

Ich, die oder der ich die andere / den anderen erzürnt habe, willige ein:

1. *die Gefühle des anderen Menschen zu respektieren, ihn nicht lächerlich zu machen und ihm genügend Zeit zu geben, sich zu beruhigen;*
2. *nicht auf ein sofortiges Gespräch zu drängen;*
3. *die Bitte des anderen Menschen um ein Treffen entweder verbal oder mittels einer Nachricht zu bestätigen und ihm zuzusichern, dass ich da sein werde;*
4. *atmen zu üben und Zuflucht zu mir selbst als Insel zu nehmen, um zu erkennen,*
   - *dass ich selbst die Samen für Unfreundlichkeit und Ärger besitze sowie die Gewohnheit, den anderen Menschen unglücklich zu machen,*
   - *dass ich fälschlicherweise dachte, es mildere mein eigenes Leid, wenn ich dem anderen Menschen Leid zufüge,*
   - *dass ich mir selbst Leid zufüge, wenn ich ihm Leid zufüge;*
5. *mich sofort zu entschuldigen, wenn ich meine Ungeschicktheit und meinen Mangel an Aufmerksamkeit bemerke, ohne irgendeinen Versuch zu unternehmen, mich selbst zu*

rechtfertigen, und ohne bis zum Treffen am Freitag zu warten.

***

Vor Buddha als Zeugen und der achtsamen Gegenwart der Sangha geloben wir, nicht von diesen Grundsätzen abzuweichen und sie von ganzem Herzen zu üben.
Wir bitten die Drei Juwelen, uns Schutz, Klarheit und Zuversicht zu gewähren.

Unterzeichnet von ....
am .... Tag des Monats ....
im Jahr .... in ....

Die Fünf Achtsamkeitsübungen

Die erste Achtsamkeitsübung: Ehrfurcht vor dem Leben

Im Bewusstsein des Leidens, das durch die Zerstörung von Leben entsteht, bin ich entschlossen, Mitgefühl und Einsicht in das »Intersein« zu entwickeln und Wege zu erlernen, das Leben von Menschen, Tieren, Pflanzen und unserer Erde zu schützen. Ich bin entschlossen, nicht zu töten, es nicht zuzulassen, dass andere töten, und keine Form des Tötens zu unterstützen, weder in der Welt noch in meinem Denken oder in meiner Lebensweise.

Im Wissen, dass schädliche Handlungen aus Ärger, Angst, Gier und Intoleranz entstehen, die ihrerseits dualistischem und diskriminierendem Denken entspringen, werde ich mich in Unvoreingenommenheit und Nicht-Festhalten an Ansichten üben, um Gewalt, Fanatismus und Dogmatismus in mir selbst und in der Welt zu transformieren.

Die zweite Achtsamkeitsübung: Wahres Glück

Im Bewusstsein des Leidens, das durch Ausbeutung, soziale Ungerechtigkeit, Diebstahl und Unterdrückung entsteht, bin ich entschlossen, Großzügigkeit in meinem Denken, Reden und Handeln zu praktizieren. Ich bin entschlossen, nicht zu stehlen und nichts zu besitzen, was anderen zusteht. Ich werde meine Zeit, Energie und materiellen Mittel mit denen teilen, die sie brauchen. Ich werde mich in tiefem Schauen üben, um zu erkennen, dass das Glück und das Leiden anderer nicht getrennt sind von meinem Glück und meinem Leiden, dass wahres Glück nur möglich ist mit Verstehen und Mitgefühl und dass es viel Leiden und Verzweiflung bringen kann, hinter Reichtum, Ruhm, Macht und sinnlichem Vergnügen herzujagen. Ich bin mir bewusst, dass Glücklichsein von meiner geistigen Haltung und nicht von äußeren Umständen abhängig ist und dass ich glücklich im gegenwärtigen Augenblick leben kann, indem ich mich daran erinnere, dass ich bereits mehr als genug Bedingungen habe, um glücklich zu sein. Ich bin entschlossen, »Rechten Lebenserwerb« zu praktizieren, um so dazu beizutragen, das Leiden der Lebewesen auf dieser Erde zu verringern und den Prozess der globalen Erwärmung umzukehren.

Die dritte Achtsamkeitsübung: Wahre Liebe

Im Bewusstsein des Leidens, das durch sexuelles Fehlverhalten entsteht, bin ich entschlossen, Verantwortungsgefühl zu entwickeln und Wege zu erlernen, die Sicherheit und Integrität von Individuen, Paaren, Familien und der Gesellschaft zu schützen. Im Wissen, dass sexuelles Verlangen nicht Liebe ist und dass sexuelles Handeln, das durch Begierde motiviert ist, immer sowohl mir als auch anderen schadet, bin ich entschlossen, keine sexuelle Beziehung einzugehen ohne wahre Liebe und die Bereitschaft zu einer tiefen, langfristigen und verantwortlichen Bindung, von der meine Familie und meine Freunde wissen.

Ich werde alles tun, was in meiner Macht steht, um Kinder vor sexuellem Missbrauch zu schützen und um zu verhindern, dass Paare oder Familien durch sexuelles Fehlverhalten auseinanderbrechen. In dem Bewusstsein, dass Körper und Geist eins sind, bin ich entschlossen, geeignete Wege zu erlernen, um gut mit meiner sexuellen Energie umzugehen und die vier grundlegenden Elemente wahrer Liebe – liebevolle Güte, Mitgefühl, Freude und Unvoreingenommenheit – zu entwickeln, sodass mein eigenes Glück und das Glück von anderen wachsen kann. Indem wir wahre Liebe üben, werden wir auf sehr schöne Weise in die Zukunft fortbestehen.

Die vierte Achtsamkeitsübung: Liebevolles Sprechen und tiefes Zuhören

Im Bewusstsein des Leidens, das durch unachtsame Rede und aus der Unfähigkeit, anderen zuzuhören, entsteht, bin ich entschlossen, liebevolles Sprechen und mitfühlendes Zuhören zu üben, um Leiden zu lindern und Versöhnung und Frieden in mir und zwischen anderen Menschen, ethnischen und religiösen Gruppen und Nationen zu fördern. Im Wissen, dass Worte sowohl Glück als auch Leiden hervorrufen können, bin ich entschlossen, wahrhaftig zu sprechen und Worte zu gebrauchen, die Vertrauen, Freude und Hoffnung wecken. Wenn Ärger in mir aufsteigt, bin ich entschlossen, nicht zu sprechen. Ich werde achtsames Atmen und Gehen praktizieren, um meinen Ärger zu erkennen und tief in seine Wurzeln zu schauen, besonders in meine falschen Wahrnehmungen und mein fehlendes Verständnis für mein eigenes Leiden und das der anderen Person. Ich werde in einer Weise sprechen und zuhören, die mir und dem anderen helfen kann, Leiden zu transformieren und einen Weg aus schwierigen Situationen zu finden. Ich bin entschlossen, keine Nachrichten zu verbreiten, wenn ich nicht sicher bin, dass sie der Wahrheit entsprechen, und Äußerungen zu unterlassen, die Trennung oder Uneinigkeit verursachen können. Ich werde »Rechtes Bemühen« praktizieren, um meine Fähigkeit zu Liebe, Verstehen, Freude und Unvoreingenommenheit zu nähren und um allmählich Ärger, Gewalt und Angst, die tief in meinem Bewusstsein liegen, zu verwandeln.

Die fünfte Achtsamkeitsübung: Nahrung und Heilung

Im Bewusstsein des Leidens, das durch unachtsamen Konsum entsteht, bin ich entschlossen, auf körperliche und geistige Gesundheit für mich selbst, meine Familie und meine Gesellschaft zu achten, indem ich achtsames Essen, Trinken und Konsumieren praktiziere. Ich werde mich darin üben, tief zu schauen, um meinen Konsum und meinen Umgang mit den vier Arten von Nahrung – Essbarem, Sinneseindrücken, Willenskraft und Bewusstsein – zu erkennen. Ich bin entschlossen, weder Alkohol noch Drogen oder andere Dinge zu benutzen, die Gifte enthalten, wie zum Beispiel bestimmte Internetseiten, Glücksspiele, elektronische Spiele, Fernsehsendungen, Filme, Zeitschriften, Bücher oder Gespräche. Ich werde mich darin üben, zum gegenwärtigen Augenblick zurückzukommen, um mit den erfrischenden, heilenden und nährenden Elementen in mir und um mich herum in Berührung zu sein. So lasse ich mich weder von Bedauern und Kummer in die Vergangenheit ziehen noch von Sorgen, Angst oder Begierden aus dem gegenwärtigen Augenblick bringen. Ich bin entschlossen, nicht zu versuchen, Einsamkeit, Angst oder anderes Leiden zu überdecken, indem ich mich im Konsum verliere. Ich werde das

»Intersein« tief betrachten und auf eine Weise konsumieren, die Frieden, Freude und Wohlergehen sowohl in meinem Körper und Bewusstsein als auch im kollektiven Körper und Bewusstsein meiner Familie, meiner Gesellschaft und unserer Erde bewahrt.

Seit über dreißig Jahren lebe ich im Westen, und seit fünfzehn Jahren halte ich Achtsamkeitskurse in Europa, Australien und Nordamerika ab. Während dieser Retreats haben meine Schülerinnen und Schüler und ich viele leidvolle Geschichten zu hören bekommen, und wir sind immer wieder bestürzt zu erfahren, wie viel dieses Leid zu tun hat mit Alkoholismus, Drogenmissbrauch, sexuellem Missbrauch und ähnlichen Verhaltensweisen, die von Generation zu Generation weitergegeben werden.

Es gibt gravierende Übel in dieser Gesellschaft. Wenn wir einen jungen Menschen dieser Gesellschaft aussetzen, ohne ihn zu beschützen, so erfährt er mit jedem Tag Gewalt, Hass und Unsicherheit, und schließlich erkrankt er daran. Unsere Gespräche, das Fernsehprogramm, Reklame, Zeitungen und Illustrierte – all das nährt die Samen des Leidens in jungen Menschen, und auch in nicht mehr ganz jungen Menschen. Wir empfinden eine Leere in unserem Innern, und die versuchen wir zu füllen, indem wir essen, reden, rauchen, trinken, fernsehen, ins Kino gehen oder auch zu viel arbeiten. Wenn wir zu diesen Dingen Zuflucht nehmen, so verstärkt das nur unseren Hunger, unser Unbefriedigtsein, und wir wollen uns noch mehr davon einverleiben. Wir brauchen Richtlinien, vorbeugende Medizin sozusagen, um uns zu schützen, damit wir wieder gesunden. Auch müssen wir eine Behandlung unserer Krankheit finden. Das muss etwas Gutes sein, etwas Schönes und Wahres, zu dem wir Zuflucht nehmen können.

Wenn wir Auto fahren, wird von uns erwartet, dass wir

uns an gewisse Regeln halten, um Unfälle zu vermeiden. Vor 2.600 Jahren hat der Buddha seinen Laienschülerinnen und -schülern bestimmte Richtlinien angeboten, die ihnen helfen sollten, ein friedvolles, heilsames und glückliches Leben zu führen. Das waren die fünf Übungen der Achtsamkeit. Sind wir achtsam, so ist uns bewusst, was in unserem Körper, unseren Gefühlen, unserem Geist und in der Welt vor sich geht, und wir passen auf, uns und anderen keinen Schaden zuzufügen. Achtsamkeit schützt uns, unsere Familie und die Gesellschaft, und sie sorgt für eine sichere und glückliche Gegenwart und für eine ebensolche Zukunft.

Die fünf Achtsamkeitsübungen sind die Liebe selbst. Liebe heißt, das Objekt unserer Liebe zu verstehen, es zu beschützen und für sein Wohlergehen zu sorgen. Dies wird durch die Achtsamkeitsübungen vervollkommnet. Wir beschützen uns und andere.

Für viele Menschen in buddhistischen Kreisen ist es der erste Ausdruck des tiefen Bedürfnisses, den Weg des Verstehens und der Liebe zu beschreiten, die fünf Achtsamkeitsübungen von einer Lehrerin, einem Lehrer zu empfangen. Während der Zeremonie verliest die Lehrerin, der Lehrer jede Übung, und die Schülerin, der Schüler wiederholt sie und gelobt, diese soeben verlesene Übung zu erlernen, zu praktizieren und ihr gemäß zu leben. Es ist wirklich bemerkenswert, den Frieden und das Glück bei einem Menschen zu beobachten, der gerade die Achtsamkeitsübungen empfängt. Vor seiner Entscheidung, sie zu empfangen, war er vielleicht noch etwas verwirrt und durcheinander, aber durch die Entscheidung, die Achtsamkeitsübungen zu praktizieren, werden viele Stricke der Anhaftung und der Verwirrung durchtrennt. Nach der Zeremonie kannst du im Gesicht einer solchen Person erkennen, dass sie in großem Ausmaß Befreiung erlangt hat.

Wenn jemand gelobt, sich dem Studium der Praxis und

der Einhaltung der fünf Achtsamkeitsübungen zu widmen, nimmt er damit auch Zuflucht zu den Drei Juwelen – Buddha, Dharma und Sangha.

Die Praxis der fünf Achtsamkeitsübungen ist also konkreter Ausdruck unserer Wertschätzung und unseres Vertrauens gegenüber diesen Drei Juwelen. Der Buddha ist die Achtsamkeit; das Dharma ist der Weg des Verstehens und der Liebe; und die Sangha ist die Gemeinschaft, die unsere Praxis trägt und unterstützt.

Die fünf Achtsamkeitsübungen und die Drei Juwelen sind wertvolle Objekte unseres Vertrauens. Sie sind keineswegs abstrakt – wir erlernen und praktizieren sie, erforschen und erweitern sie und überprüfen sie anhand unserer persönlichen Erfahrungen. Sie zu studieren und zu praktizieren bringt uns, unserer Gemeinschaft und unserer Gesellschaft Frieden und Glück. Wir Menschen brauchen etwas, an das wir glauben können, etwas, das gut ist, schön und wahr, etwas, das wir berühren können. Das Vertrauen zur Praxis der Achtsamkeit – die fünf Achtsamkeitsübungen und die Drei Juwelen – ist etwas, das jeder Mensch für sich entdecken kann, ist etwas, das er wertschätzen und in sein tägliches Leben integrieren kann.

Die fünf Achtsamkeitsübungen und die Drei Juwelen haben in allen spirituellen Traditionen ihre Entsprechungen. Sie kommen aus unserem tiefen Inneren, und wenn wir sie praktizieren, fühlen wir uns auch in der eigenen Tradition verwurzelter. Wenn du also die fünf Achtsamkeitsübungen und die Drei Juwelen kennengelernt hast, kehrst du, so hoffe ich, zu deiner eigenen Tradition zurück und lässt die kostbaren Juwelen erstrahlen, die du dort bereits vorfindest. Die fünf Achtsamkeitsübungen sind die passende Medizin für unsere Zeit. Ich rate dir wirklich sehr, sie so zu praktizieren, wie sie zu Beginn dieses Kapitels vorgestellt wurden oder wie sie in deiner eigenen Tradition gelehrt werden.

Welches ist nun die beste Art, die Achtsamkeitsübungen durchzuführen? Ich weiß es nicht. Auch ich lerne noch immer, so wie ihr auch. Ich schätze die Formulierung, wie sie in den fünf Achtsamkeitsübungen gebraucht wird: »… gelobe ich, *Wege zu erlernen* …« Wir wissen vieles nicht. Aber wir können unsere Unwissenheit verringern. Konfuzius sagte: »Zu wissen, dass du nicht weißt, ist der Anfang des Wissens.« Ich denke, so sollten wir praktizieren. Wir sollten bescheiden und offen sein, damit wir gemeinsam lernen können. Dazu brauchen wir eine Sangha, eine Gemeinschaft, die uns trägt, und wir müssen in enger Verbindung mit unserer Gesellschaft bleiben, um die Achtsamkeitsübungen wirkungsvoll zu praktizieren. Viele der heutigen Probleme gab es zu Buddhas Zeiten nicht. Deshalb müssen wir gemeinsam ganz tief schauen, um die Einsichten zu entwickeln, die wir heute brauchen, damit wir und unsere Kinder bessere Möglichkeiten finden, unser Leben auf heilsame, glückliche und gesunde Weise zu führen.

Wenn jemand fragt: »Kümmerst du dich? Kümmerst du dich um mich, um das Leben, um die Erde?«, dann ist die beste Antwort, die fünf Achtsamkeitsübungen zu praktizieren. Dann lehren wir nämlich durch unsere Taten und nicht bloß mit Worten. Wenn du dich irgendwo ernsthaft engagierst, übe sie wirklich, um dich, andere Menschen und andere Arten zu schützen. Die Praxis der fünf Achtsamkeitsübungen kann auch als die Praxis der Liebe bezeichnet werden. Wir praktizieren sie, weil wir lieben, Sorge tragen, weil wir schützen wollen. Sie bringen unsere Bereitschaft zum Ausdruck, zu lieben und zu hegen. Sie sind die Frucht der praktizierten Achtsamkeit und zeigen sich auf ganz konkrete Weise. Tun wir unser Bestes, sie zu praktizieren, dann wird es eine Zukunft geben für uns, unsere Kinder und Kindeskinder.

Sangha / Gemeinschaft

Es ist schwierig bis unmöglich, den Weg des Verstehens und der Liebe zu beschreiten ohne eine Sangha, in der alle auf die gleiche Weise praktizieren. In meiner Heimat sagt man, dass ein Tiger, der die Berge verlässt, von Menschen gefangen und getötet wird. So ist es auch, wenn man ohne Sangha praktiziert. In unserer Gesellschaft ist die Gefahr ständig gegeben, dass wir wieder in Gedankenlosigkeit und Unachtsamkeit zurückfallen; die Unterstützung durch Freundinnen und Freunde ist unerlässlich für uns, denn sie helfen uns dabei, in Kontakt zu bleiben mit unserem tiefsten Bedürfnis: andere Wesen zu lieben und ihnen zu helfen.

Im *Madhyagama* und im *Majjhima Nikaya* findet sich ein Sutra des Ehrwürdigen Maudgalyayana. Er sagte: »Wenn du mit Freunden praktizierst, aber in einer unheilsamen Begierde gefangen bist, ist sie vielleicht der Grund dafür, dass deine Freunde nicht mit dir reden, dir keinen Rat erteilen und dich nichts lehren. Wegen deiner Verstrickung in diese schädliche Begierde verlierst du vielleicht die Chance, Anleitung durch deine Sangha zu erhalten.«[27] Maudgalyayana rät uns, tief in uns hineinzuschauen. Wenn wir zu sehr verstrickt sind in eine schädliche Begierde oder eine schlechte Angewohnheit, so sagt er, laufen wir Gefahr, dass unsere Freundinnen oder Freunde uns nicht durch ihren Rat und Beistand helfen können; dadurch geraten wir in eine schwierige Situation. Weil wir nicht auf sie hören,

27 *Madhyagama* 89, Taisho 26 und *Anumana Sutta*, M. 15

schwindet deren Liebe, und gleichzeitig schwindet unsere Chance, uns zu verändern, zu transformieren.

Als letztes Jahr ein Vietnamese, der in Holland lebt, Plum Village besuchte, erzählte er uns Folgendes: »Meine Kinder sind nicht mit mir gekommen, weil sie sich in der Falle unheilsamer Begierden verfangen haben.« Es war nicht so, dass sie ihren Vater nicht mehr liebten und respektierten; sie hatten ihn sogar von Holland nach Paris gefahren und ihm beim Besteigen des Zuges nach Plum Village geholfen. Sie befanden sich einfach in einem Netz von Kummer und Sorgen, und er konnte ihnen dabei nicht helfen. Manchmal glauben wir sogar, wenn wir im Netz ungesunder Begierden gefangen sind, wir befänden uns auf dem Weg zum Glück. Wie es im *Samiddhi Sutra* heißt, führt eine solche Selbsttäuschung stets zu Leiden. Wir brauchen Meditation und die Praxis, um uns aus der Falle unheilvoller Begierden zu befreien. Damit wir stark und frei genug werden, um anderen beizustehen, brauchen wir ein liebendes Herz, klares Verstehen und große innere Stärke. Ohne all das bleibt uns nur, uns ständig zu sorgen.

Wir müssen uns fragen: »Bin ich gefangen in meinem eigenen Netz unheilvoller Begierden? Bin ich gefangen in meinen eigenen Gewohnheitsmustern?« So sieht die Art der Selbstbefragung aus, die Maudgalyayana uns ans Herz legt.

In einer Sangha sind wir stets bemüht, die heilsamen Freuden in unserem Alltagsleben zu entdecken. Wir können es uns gar nicht leisten, weniger als vierundzwanzig Stunden am Tag zu lieben. Die vier unermesslichen Geisteshaltungen sind Zustände der Sammlung *(samadhi)*, in denen wir uns Tag und Nacht befinden sollten. Es ist notwendig, die Lehren des Buddha zu ergründen und zu praktizieren, um zu erhellen, wie wir einander lieben und helfen können, uns aus schmerzvollen Situationen zu befreien.

Es gibt so viele zerbrochene Familien, bei denen jedes Mitglied wie eine isolierte Insel für sich ist. Manchmal möchte schon ein zwölfjähriges Kind lieber allein leben, weil in dieser Familie einfach keine Wärme und Zärtlichkeit vorhanden sind, weil es keinen Raum zum Atmen gibt. Das Kind hat das Gefühl zu ersticken. Wir müssen die Lehre von den vier unermesslichen Geisteshaltungen stetig in uns weiterentwickeln und erweitern, wir müssen sie in die konkrete Praxis umsetzen, damit Väter und Mütter, Söhne und Töchter, Brüder und Schwestern sie anwenden können, damit der Kreislauf des Leidens, der so viele Familien bedrückt, transformiert werden kann.

Wir brauchen Verstehen und Liebe, um diejenigen zu umarmen, die wir für unsere Feinde halten. Im *Avatamsaka Sutra* finden wir den Satz: »Ich gelobe, hier im Bereich des äußersten Leidens zu bleiben, über zahllose Leben hinweg, um allen Lebewesen Gutes zu tun.« Wir bitten die Buddhas und Bodhisattvas, von Lebenszeit zu Lebenszeit bei uns zu bleiben, um alle Lebewesen, die versunken sind im Meer des Leidens, zu retten und ihnen Gutes zu tun. In der Rezitation *Zum Schutz und zur Transformation* sagen wir: »Gemeinsam mit der Sangha gelobe ich, für lange Zeit auf dieser Welt zu weilen, um den Lebewesen zu helfen.«

Dies ist der Geist des Nicht-Davonlaufens, des Nicht-Fallenlassens. Wer bringt es fertig wegzurennen? Selbst wenn du es am liebsten tun würdest, kannst du es doch nicht. Manchmal sage ich zu Paaren, die sich trennen wollen: »Sich trennen oder nicht, das ist hier nicht die Frage. Das wahre Problem liegt doch in eurem Geist. Eine Trennung ist keine Lösung, aber sich nicht zu trennen auch nicht. Ihr könnt es nicht ausspucken, und ihr könnt es nicht hinunterschlucken.«

Du glaubst vielleicht, Glück sei nur in der Zukunft erlebbar, aber wenn du lernst, nicht davonzulaufen, wirst du erkennen, dass es genügend Voraussetzungen für dich gibt, im jetzigen Moment glücklich zu sein. Nur im gegenwärtigen Augenblick sind wir lebendig. Die Vergangenheit ist vorbei, und die Zukunft ist noch nicht da. Nur im gegenwärtigen Augenblick können wir das Leben berühren und ganz tief und intensiv lebendig sein. Unser wahres Zuhause ist im Hier und Jetzt. Es ist gar nicht schwer zu verstehen. Dazu brauchen wir nur etwas Übung. Indem wir voller Achtsamkeit atmen und zum gegenwärtigen Moment zurückkehren, können wir in diesem Moment ganz lebendig sein und die Wunder des Lebens berühren, die Freude und den Frieden, die im gegenwärtigen Augenblick für uns da sind.

Bevor wir nicht innehalten und beginnen, in der Gegenwart zu leben, sind wir nicht in der Lage, tiefes Schauen zu praktizieren. Wir brauchen nicht in die Zukunft zu eilen, um Glück zu finden. Das Reich Gottes ist hier und jetzt erreichbar. Das können wir beim Sitzen, beim Gehen und beim gemeinsamen Essen erfahren. Wir kehren zum gegenwärtigen Augenblick zurück und verweilen dort mit aller Intensität, und wenn wir uns darin üben, beginnen wir, die Dinge tief zu durchdringen. Es gibt Leiden im gegenwärtigen Moment, aber es gibt auch Frieden, Stabilität und Freiheit. Haben wir Frieden im Herzen, dann ist Glück möglich. Jede Art der Praxis soll uns mehr Frieden, Stabilität und Freiheit ermöglichen, denn diese brauchen wir, um glücklich zu sein.

Wir müssen mit unseren »Sangha-Augen« schauen, um zu erkennen, was wir tun oder was wir lassen sollten, um für andere hilfreich zu sein. Allein können wir nicht wir selbst sein. Wir können nur »inter-sein«, mit anderen eng verbunden, verwoben sein. Dazu gehören auch unsere Vorfahren und die künftige Generation. Unser »Selbst« besteht nur aus »Nicht-Selbst-Elementen«. Unser Kummer, unser

Leid, unsere Freude und unser Frieden haben ihre Wurzeln in der Gesellschaft, der Natur und in denen, mit denen wir leben. Praktizieren wir achtsames Leben und tiefes Schauen, dann sehen wir die Wahrheit des Miteinander-verbunden-Seins. Ich hoffe, dass sich die Sanghas als meditative Gemeinschaften von Praktizierenden wie gesunde Familienverbände zusammenfinden. Wir müssen um uns herum Bereiche schaffen, in denen Menschen erfolgreich praktizieren können. Persönliche Beziehungen sind der Schlüssel dazu. Schon mit der Unterstützung einer einzigen Person kannst du Festigkeit erlangen, und später kannst du dich um weitere Menschen bemühen. Im Bewusstsein, dass wir alle Liebe suchen, behandeln uns die Sanghamitglieder so, dass wir es schaffen, Wurzeln zu schlagen, uns zu erden. In einer spirituellen Familie bekommen wir dafür eine zweite Chance.

In alten Zeiten lebten die Menschen in Großfamilien. Rings um die Häuser gab es Bäume mit Hängematten, und die Menschen hatten Zeit, sich miteinander zu entspannen. Die Kernfamilie ist eine Erfindung der Neuzeit. Außer Mutter und Vater gibt es nur noch ein bis zwei Kinder. Haben die Eltern Probleme miteinander, schafft das eine beklemmende Atmosphäre, der man nirgends entfliehen kann, nirgendwo kann man atmen. Selbst wenn das Kind sich auf der Toilette versteckt, dringt die bedrückende Atmosphäre noch durch die Wände. Viele Kinder wachsen heutzutage mit den Samen des Leidens auf. Solange wir die Situation nicht verändern, geben sie diese Samen wieder an ihre Kinder weiter.

In Plum Village stehen die Kinder im Mittelpunkt der Aufmerksamkeit. Jeder Erwachsene ist für das Wohlbefinden und die Sicherheit der Kinder mit verantwortlich. Wir wissen, dass, wenn die Kinder glücklich sind, die Erwachsenen es auch sind. Ich hoffe sehr, dass sich auch im Westen solche Meditationsgemeinschaften bilden werden, die die Wärme einer Großfamilie in sich tragen und in denen alle als Brüder und Schwestern, Onkel und Tanten miteinander leben. Unsere Kinder sind die Kinder von allen. Wir müssen gemeinsam nach Möglichkeiten suchen, einander zu helfen. Gelingt uns dies, haben alle Freude an der Praxis.

Heutzutage denken Paare, wenn sie Schwierigkeiten haben, schnell an Scheidung. Es gibt sogar Leute, die sich mehrmals scheiden lassen. Wie können wir Gemeinschaften bilden, die Paare, Familien und alleinerziehende Elternteile unterstützen? Wie können wir die Gemeinschaft der Praktizierenden in die Familie hineintragen und die Familie in die Gemeinschaft der Praktizierenden?

Eine alleinerziehende Mutter denkt vielleicht, sie brauche die Hilfe eines Mannes, weil sie sich allein nicht gefestigt genug fühlt. Aber viele Männer sind auch nicht genügend gefestigt. Geht diese Frau nun eine Beziehung ein mit einem Mann, der selbst nicht gefestigt ist, dann zerstört das ihre eigene Stabilität. Kommt eine alleinstehende Mutter nach Plum Village, so ermutigen wir sie, zur Insel in sich selbst Zuflucht zu nehmen. Wenn sie nur einem Mann nach dem anderen hinterherläuft, dann schwindet damit ihre eigene Stabilität, und ihre Kinder wachsen ohne stabile Basis auf. Das gilt für alle. Suche nicht Zuflucht in Dingen, die keine Festigkeit bieten. Andernfalls verlierst du deine eigene Stabilität. Schau dir deinen Zufluchtsort genau an – bietet er wirklich Festigkeit?

Wenn es dir gelingt, dein Kind wirklich als glücklichen Menschen aufwachsen zu lassen, so teilst du die Früchte deiner Praxis mit vielen Menschen. Eltern sein ist ein Dharmator. Wir müssen auf Retreats und Seminaren darüber diskutieren, was die beste Art ist, Kinder aufwachsen zu lassen. Wir akzeptieren zwar nicht mehr die alten Erziehungsmethoden, haben aber auch noch keine zeitgemäßen

Möglichkeiten wirklich entwickelt. Unsere Praxis und Erfahrung sind wichtig und notwendig, um neue Dimensionen in unser Familienleben hineinzutragen. Ein erfolgreiches Modell könnte die Verbindung der Kernfamilie mit der Gemeinschaft von Praktizierenden sein. Wir nehmen unsere Kinder mit zum Meditationszentrum, und alle haben etwas davon. Wenn wir Meditationsgemeinschaften wie Großfamilien gestalten, brauchen die Älteren nicht von dem Rest der Gesellschaft abgesondert zu leben. Großeltern haben Freude daran, Kinder auf dem Arm zu halten und ihnen Märchen zu erzählen. Wenn wir dazu in der Lage sind, sind alle glücklich.

Ein vierzehnjähriger Junge, der in Plum Village meditierte, erzählte mir folgende Geschichte: Immer wenn er hinfiel und sich dabei wehtat, schrie sein Vater ihn an. Deshalb schwor sich der Junge, dass er als Erwachsener niemals so handeln werde. Eines Tages jedoch spielte seine kleine Schwester mit anderen Kindern; dabei fiel sie von der Schaukel und schürfte sich das Knie auf. Darüber wurde er sehr wütend. Ihr Knie blutete. Am liebsten hätte er sie angeschrien: »Wie kannst du dich bloß so dumm anstellen! Warum hast du das getan?« Aber er hielt sich im Zaum. Dank seiner Übung im Atmen und in der Achtsamkeit war er in der Lage, seinen Ärger zu erkennen und ihn nicht auszuagieren.

Während die Erwachsenen sich um seine Schwester kümmerten, ihre Wunde säuberten und verbanden, ging er langsam fort und meditierte über seinen Ärger. Plötzlich erkannte er, dass er genauso war wie sein Vater. Er erzählte mir: »Ich erkannte, dass ich etwas gegen meinen Ärger unternehmen musste, sonst würde ich ihn auf meine Kinder übertragen.« Er sah, dass die Samen des Ärgers bei seinem Vater von seinen Großeltern übertragen worden sein mussten. Das war eine bemerkenswerte Einsicht für einen vierzehnjährigen Jungen. Dank seiner Praxis erlangte er solche Klarsicht. Indem wir in uns Frieden schließen mit unseren Eltern, haben wir eine Chance, mit unseren wirklichen Eltern Frieden zu schließen.

Für Menschen, die ihrer Familie, ihrer Kultur und ihrer Gesellschaft entfremdet sind, ist es manchmal schwer zu praktizieren. Selbst bei jahrelanger intensiver Meditation gelingt ihnen selten eine Verwandlung, solange sie isoliert leben. Wir müssen mit anderen Menschen Verbindungen eingehen. Die buddhistische Praxis soll uns dabei helfen, wieder nach Hause zurückzukehren und die guten Dinge in unserer Kultur anzunehmen. Kehren wir zu unseren Wurzeln zurück, können wir tiefes Schauen und mitfühlendes Verstehen entwickeln. Das Praktizieren ist keine individuelle Angelegenheit. Wir praktizieren nämlich mit unseren Eltern, unseren Vorfahren, unseren Kindern und Kindeskindern.

Wir müssen unsere Vorfahren in uns befreien. In dem Moment, in dem wir ihnen Freude, Frieden und Freiheit schenken können, geben wir all dies gleichzeitig auch uns selbst, unseren Kindern und Kindeskindern. Tun wir dies, so beseitigen wir alle Grenzen und Unterscheidungen und erschaffen eine Welt, in der alle Traditionen Wertschätzung erfahren.

Berühren wir tief den gegenwärtigen Augenblick, berühren wir auch die Vergangenheit, und aller Schaden, der in der Vergangenheit angerichtet wurde, kann behoben werden. Die Art und Weise, wie wir uns um die Zukunft kümmern, ist auch die Art und Weise, wie wir uns um den jetzigen Augenblick kümmern.

Ich kenne eine Französin, die mit siebzehn Jahren von zu Hause fortging, um in England zu leben, weil sie sehr wütend auf ihre Mutter war. Dreißig Jahre später verspürte sie nach der Lektüre eines Buches über Buddhismus das Bedürfnis, sich mit ihrer Mutter wieder zu versöhnen, und auch der Mutter ging es so. Aber bei jeder ihrer Begegnungen trafen sie erneut heftig aufeinander. Die Samen des Leidens waren in dreißig Jahren so gewuchert, dass in ihnen sehr starke Gewohnheitsenergie vorhanden war. Die pure Bereitschaft zum Frieden reicht nicht aus. Wir müssen ihn auch praktizieren.

Ich lud sie ein, nach Plum Village zu kommen, um sich dort darin zu üben, voller Achtsamkeit zu sitzen, gehen, atmen, zu essen und zu trinken, und durch diese tägliche Praxis war sie in der Lage, die Samen des Ärgers in sich zu berühren. Nach einigen Wochen des Praktizierens schrieb sie einen versöhnlichen Brief an ihre Mutter. Das fiel ihr leichter, als der Mutter persönlich zu begegnen. Als ihre Mutter den Brief las, bekam sie einen Eindruck von den ernsthaften Bemühungen ihrer Tochter, und somit war endlich Frieden zwischen ihnen möglich.

Wir sollten unser tägliches Leben so führen, dass in jedem Augenblick ein Neubeginn möglich ist. Wenn alle so praktizieren, gibt es Hoffnung auf eine Zukunft. Schaut bitte tief, um eine Erneuerung zu ermöglichen. Das Gründen einer Sangha ist die wichtigste Kunst, die es zu erlernen gilt. Selbst wenn wir geschickte Meditierende sind und uns mit den Sutren gut auskennen, können wir doch niemandem wirklich helfen, wenn wir nicht wissen, wie wir eine Sangha gründen sollen. In unserer Sangha sollten alle glücklich sein, und es sollte eine offene Kommunikation geben. Jede Person muss uns am Herzen liegen; wir sollten uns ihren Schmerz, ihre Schwierigkeiten, ihre Pläne, ihre Ängste und Hoffnungen stets vergegenwärtigen, damit sie sich gelöst und glücklich fühlt. Das erfordert Zeit, Energie und Konzentration.

Jede und jeder von uns braucht eine Sangha. Wenn wir noch keine gute Sangha haben, sollten wir unsere Zeit und

Energie darauf verwenden, eine aufzubauen. Arbeitest du als Psychotherapeut, Ärztin, Sozialarbeiter, engagierst du dich für den Frieden oder die Umwelt, dann brauchst du eine Sangha. Ohne sie fehlt es dir an Unterstützung, deine Kräfte sind schnell aufgezehrt und du fühlst dich ausgebrannt. Arbeitest du im psychotherapeutischen Bereich, könntest du dich mit Klienten oder Klientinnen zusammentun, nachdem diese ihre Probleme überwunden haben; wenn sie dich als Bruder oder Schwester betrachten, wenn ihr Freundschaft miteinander schließt, könnt ihr gemeinsam als Sangha in familiärer Atmosphäre praktizieren, voller Frieden und Freude. Brüder und Schwestern sind notwendig – sie geben uns Nahrung und Halt. In schwierigen Augenblicken ist die Sangha für dich da. Deine Fähigkeit, zu helfen, kann man an den Menschen um dich herum erkennen.

Ich bin Therapeutinnen und Therapeuten begegnet, die keineswegs glücklich waren mit ihrer Familie, und ich bezweifle, dass uns diese Menschen helfen können, wenn wir sie brauchen. Ich schlage ihnen deshalb vor, eine Sangha zu gründen. Die Sangha ist das Forum, um sich zu treffen und gemeinsam zu praktizieren – zu atmen, achtsam in Frieden, Freude und liebender Güte zu leben. Das wäre eine Quelle der Unterstützung und des Trostes für therapeutisch arbeitende Menschen. Aber nicht nur sie und Meditierende müssen die Kunst erlernen, eine Sangha zu gründen, wir alle müssen es. Ich glaube nicht, dass du ohne Sangha weit kommst. Mich nährt meine Sangha. Jeder Fortschritt in der Sangha gibt mir mehr Halt und Kraft.

Willst du eine Sangha gründen, dann beginne mit einer Freundin oder einem Freund, die oder der gern mit dir gemeinsam Sitz- oder Gehmeditation praktizieren, die Regeln rezitieren, Teemeditation zelebrieren oder Diskussionen führen würde. Schließlich werden andere anfragen, ob sie dazukommen können, und eure kleine Gruppe kann sich wöchentlich oder monatlich bei jemandem zu Hause treffen. Manche Sanghas ziehen sogar aufs Land und gründen dort ein Meditationszentrum. Natürlich gehören zu eurer Sangha auch die Bäume, die Vögel, das Meditationskissen, die Glocke und sogar die Luft, die ihr atmet – sie alle tragen zu eurer Praxis bei. Es ist eine kostbare Gelegenheit, mit Menschen zusammen intensiv zu praktizieren. Die Sangha ist ein Juwel.

Es geht darum, euch so zu organisieren, dass ihr wirklich Freude daran habt. Eine perfekte Sangha gibt es nicht. Eine nicht perfekte reicht aus. Statt dich ständig über deine Sangha zu beklagen, tue dein Möglichstes, selbst zu einem guten Bestandteil dieser Sangha zu werden. Akzeptiere die Sangha und arbeite an ihr. Wenn du und deine Familie damit beginnen, alle Dinge achtsam zu tun, seid ihr eine Sangha. Habt ihr einen Park in der Nähe, wohin ihr die Kinder zur Gehmeditation mitnehmen könnt, dann ist der Park Teil eurer Sangha. Bei uns selbst fangen wir an, die Qualität unserer Sangha zu verbessern. Ich weiß, dass die beste Art, meine Sangha schöner zu machen, die ist, bei der Gehmeditation ganz bewusst zu gehen, achtsam meinen Tee zu trinken, achtsam und tief Dinge und Menschen zu betrachten und zu berühren, toleranter und offener zu sein. Diese Art von Praxis wird auf jeden Fall zur Güte meiner Sangha beitragen – es gibt keinen anderen Weg.

Eine Sangha ist eine Gemeinschaft, die sich verweigert – gegenüber der Hast, der Gewalt und den unheilsamen Lebensweisen, die in unserer Gesellschaft vorherrschen. Achtsam sein heißt uns und andere schützen. Eine gute Sangha kann uns zu Harmonie und Wachheit führen. Die Substanz, der Gehalt der Praxis ist entscheidend. Die Form kann man den Gegebenheiten anpassen.

Natürlich haben unsere Sanghas Schwachstellen. Immer

gibt es Dinge, die verbessert werden können, aber der Hauptzweck einer Sangha ist es, gemeinsam zu praktizieren – Achtsamkeit, größere Offenheit, Toleranz und Liebe. Eine solche Praxis bringt uns und anderen Glück. Wollen wir unserer Familie Frieden, Glück und Toleranz schenken, müssen wir all dies mit unserer Sangha praktizieren.

Dank der liebevollen Unterstützung anderer Menschen kommen wir in Berührung mit den erfrischenden, heilenden Anteilen in uns und um uns. Haben wir eine Gemeinschaft, der wir uns freundschaftlich verbunden fühlen, können wir uns glücklich schätzen. Damit die Gemeinschaft wirklich gut ist, müssen wir zunächst uns selbst zu guten Angehörigen dieser Gemeinschaft entwickeln. Erst dann können wir zu anderen gehen und sie dabei unterstützen, auch ein Teil der Gemeinschaft zu werden. So schaffen wir ein Netzwerk von Freundinnen und Freunden. Das ist so etwas wie eine Investition, unser größter Aktivposten. Die anderen können uns trösten und uns helfen, wenn es uns schlecht geht, und sie können auch an unserer Freude und unserem Glück teilhaben. Selbst wenn wir viel Geld auf dem Konto haben, sind wir nicht davor gefeit, in unser Leid versunken zu sterben. Wesentlich mehr Sicherheit bedeutet es, in freundschaftliche Beziehungen zu investieren und zusammen eine Gemeinschaft zu bilden.

Hab keine Angst davor zu lieben; ohne Liebe können wir nicht leben. Wir müssen die Kunst des Liebens erlernen. Liebe durch die Art, wie du gehst, die Art, wie du sitzt, wie du isst. Lerne, dich selbst und andere richtig zu lieben. Der Buddha schenkt uns das Licht, das wir auf die Natur unserer Liebe richten. Er zeigt uns ganz konkrete Möglichkeiten, wie wir unseren Alltag so leben können, dass Liebe zur Freude wird. Diese Welt hungert nach Liebe. Wir müssen dem zukünftigen Buddha, Maitrya, dem Buddha der Liebe, dabei helfen, auf die Welt zu kommen. Der nächste Buddha muss nicht notwendigerweise ein Einzelwesen sein. Er könnte sich als eine Gemeinschaft manifestieren, eine Gemeinschaft der Liebe. Wir müssen einander dabei unterstützen, eine Gemeinschaft zu gründen, in der Liebe etwas Greifbares, Konkretes ist. Das ist vielleicht das Wichtigste, was wir zum Überleben der Erde beitragen können. Wir haben alles außer Liebe. Wir müssen unsere Art zu lieben erneuern, müssen wirklich lernen zu lieben. Das Wohlergehen der Welt hängt von uns ab, davon, wie wir unseren Alltag leben, davon, wie wir uns um die Welt kümmern, und davon, wie wir lieben.

Die Sechs Erdberührungen

Es gibt im Buddhismus eine Praxis, »Erdberührung« genannt. Sie kann uns bei der Umsetzung unseres Wunsches behilflich sein, die Energien von Liebe, Mitgefühl, Freude und Gleichmut zu entwickeln. Während der Übung berühren wir die Erde sechsmal und geben uns ihr und unserer eigenen wahren Natur auf diese Weise hin. Wir berühren die Erde mit der Stirn, mit beiden Beinen und beiden Händen; Geist und Körper öffnen sich vollkommen, und dies erlaubt uns, unser kleines Selbst zu transformieren. Wir geben unseren Stolz auf, unsere Vorstellungen, Ängste, Abneigungen, selbst unsere Hoffnungen geben wir hin – und wir betreten die Welt der »Dinge, so wie sie sind«. Erdberührung kann eine wirkungsvolle Yoga-Praxis sein. Wir kehren zu unserer eigenen Weisheitsquelle zurück, sind nicht länger vereinzelt und von Mutter Erde getrennt. Die Praxis der Liebe, des Mitgefühls, der Freude und des Gleichmuts hilft uns, unsere Verbundenheit wiederherzustellen, eine Verbundenheit, die uns zu Gesundung und Glück führt.

Als Mönchsnovize wurde ich in die folgende Meditation eingeführt:

Derjenige, der sich verneigt, und der, vor dem man sich verneigt,
sind ein und derselbe.
Wenn ich das erkenne, entsteht ein wundervolles Gefühl des Verbundenseins.
Ich stehe hier mit aneinandergelegten Handflächen
und fühle mich wie in Indras Juwelennetz.

Alle Buddhas der zehn Richtungen erscheinen.
Auch ich erscheine in unendlichen Manifestationen,
jede davon vor einem Buddha stehend.

»Derjenige, der sich verbeugt, und der, vor dem man sich verbeugt, sind ein und derselbe.« Beide haben kein getrenntes Selbst. Betrachten wir tief eine Blume, so sehen wir in ihr die Sonne, die Wolken, die Samen, die Nährstoffe des Bodens und viele andere Dinge. Wir erkennen, dass die Blume nicht als getrenntes, unabhängiges Selbst existieren kann. Sie besteht vollständig aus sogenannten »Nicht-Blume-Elementen«. Der, der sich verbeugt, und der, vor dem man sich verbeugt, sind von derselben Natur. Ich bestehe aus Nicht-ich-Elementen. Der Buddha besteht aus Nicht-Buddha-Elementen. Nichts kann nur aus sich selbst heraus existieren. Alles im Kosmos ist mit allem anderen verbunden.

Bevor wir uns verbeugen, können wir sagen: »Erleuchteter, du und ich, wir sind von derselben Beschaffenheit. Wir beide haben kein getrenntes Selbst.« Kennst du irgendeine andere Tradition, in der sich die Gläubigen so an den Religionsstifter wenden können? Dies sind Worte, die der Buddha lehrte. Weil wir beide die Natur des Interseins, des Miteinander-verbunden-Seins besitzen, ist unsere Beziehung jenseits jeder Bezeichnung. Wenn ich nicht existiere, existiert auch der Buddha nicht. Wenn der Buddha nicht ist, bin auch ich nicht. Unsere Beziehung ist ganz und vollkommen.

Der Ort, an dem wir die Erde berühren, ist wie das Juwelennetz Indras. In jedem Quadrat von Indras Netz befindet sich ein Edelstein, der alle anderen Edelsteine im Netz reflektiert. Betrachten wir eines dieser Juwelen, so sehen wir alle anderen Juwelen. Betrachten wir eine Blume, so sehen wir das gesamte Universum. Alle Buddhas der zehn Richtungen erscheinen vor unseren Augen und auch in unserem Innern. Nach welcher Richtung wollen wir uns verneigen? Der Buddha ist vor uns, hinter uns, rechts von uns, links von uns, über und unter uns. Wo auch immer der Buddha ist, da sind auch wir. Wir legen die Handflächen zusammen und verneigen uns in die zehn Richtungen – Osten, Westen, Süden, Norden, Nordosten, Nordwesten, Südosten, Südwesten, oben und unten – und auch in die elfte Richtung: nach innen. Wenn wir unser Haupt neigen, verneigen wir uns respektvoll vor dem Buddha, dem Dharma und der Sangha in den elf Richtungen:

Mit ganzem Herzen
nehme ich Zuflucht zu Buddha, Dharma, Sangha
in den zehn Richtungen
und auch in mir selbst;
die in allen Bereichen des Dharma
Vergangenheit, Gegenwart und Zukunft überschreiten.
Ich berühre die Erde und gebe mich ihr hin.

Wenn du die Erde in diesem Geiste berührst, verschwinden Gefühle von Vereinzelung und Entfremdung, und deine Vorstellung von einem abgetrennten Selbst weicht einem großartigen Gefühl des Einsseins mit allen Wesen in Raum und Zeit, mit denen, die sich bereits manifestiert haben, und auch denen, die es noch nicht getan haben. Diese Art der Niederwerfung nimmt dir nichts von deiner Persönlichkeit. Sie stellt vielmehr deine Ganzheit wieder her und verbindet dich mit der Natur des Erwachens, die bereits in dir vorhanden ist.

Wenn du die Erde berührst, lege dich ganz dicht auf sie und sei *sie*. Du wirst in sie hineingezogen. Wenn du im Haus praktizierst, nimm eine Matte, damit du nicht den Staub vom Fußboden abbekommst. Versuche, wenigstens für drei oder vier Minuten auf der Erde oder auf der Matte liegen zu bleiben. Je näher du an der Erde liegen kannst, desto besser – du verschmilzt förmlich mit ihr. Du wirst zu nichts, damit du alles werden kannst.

Wenn du die Erdberührung zwei oder drei Monate praktiziert hast, wirst du dich erholt, gekräftigt und gesund fühlen. Du liebst das Leben und lächelst, weil die Energien von Hass und Böswilligkeit sich erheblich verringert haben. Es gibt sechs Übungen der Erdberührung. Bei der ersten schauen wir tief nach innen. Bei der zweiten erkennen wir die Verbindung zwischen uns und anderen Lebewesen, einschließlich derer, die um uns herum leben. Sind wir bei der fünften Übung angelangt, so sind wir wirklich imstande, auch für die Menschen Liebe zu empfinden, die wir vorher nicht leiden konnten. Aller Hass, aller Ärger sind verschwunden, und wir wünschen nun der Person, die wir vorher verabscheuten, dass sie glücklich sein und in Frieden leben möge. Das ist uns möglich, weil wir in der Lage sind, uns selbst zu lieben. Wenn wir die Erde berühren und dazu die sechs begleitenden Meditationen rezitieren, so entstehen in uns tiefe Liebe und Akzeptanz. Gelingt es uns, die Person zu lieben, die uns unglücklich gemacht hat, dann erkennen wir, welch ein Wunder die Liebe ist.

Die erste Erdberührung

Voller Dankbarkeit berühre ich die Erde vor allen Generationen meiner leiblichen Herkunftsfamilie. Ich sehe meine Mutter und meinen Vater, deren Blut, Zellen und Vitalität auch in meinen Adern fließen und jede Zelle in mir nähren. Durch sie sehe ich meine vier Großeltern. Ihre Erwartungen, Erfahrungen und ihre Weisheit haben sie von so vielen Vorfahren übernommen. In mir trage ich das Leben, das Blut, die Erfahrung, die Weisheit, das Glück und auch die

Sorgen aller Generationen. Das Leiden und all die Elemente, die transformiert werden müssen, versuche ich in meiner Praxis der Achtsamkeit zu transformieren. Ich öffne mein Herz und meinen Körper, um die Energie der Einsicht, Liebe und Erfahrung, die mir von all meinen Vorfahren übertragen wurde, in mich aufzunehmen. Ich erkenne meine Wurzeln in meiner Mutter, meinem Vater, meiner Großmutter und meinem Großvater und in all meinen Vorfahren. Ich weiß, dass ich nur die Fortführung dieser Ahnenreihe bin. Bitte übertragt mir eure Energie, stärkt und bewahrt sie. Ich weiß, dass es überall, wo es Kinder und Enkelkinder gibt, auch Vorfahren gibt. Ich weiß, dass Eltern ihre Kinder und Enkelkinder lieben und unterstützen, auch wenn sie aufgrund ihrer eigenen Schwierigkeiten nicht immer den richtigen Ausdruck für ihre Liebe finden. Ich erkenne, dass meine Vorfahren sich um eine Lebensweise bemüht haben, die auf Dankbarkeit, Freude, Vertrauen und Respekt gründete. Als Nachkomme dieser Vorfahren berühre ich die Erde und lasse ihre Energie mich durchströmen. Ich bitte meine Vorfahren um Unterstützung, Schutz und Kraft. (Glocke)

Wenn du dich wie ein gefällter Baum fühlst, ohne Wurzeln, so liegt das daran, dass du die Beziehung zu deiner Familie und dem Energiefluss deiner Ahnen verloren hast. Im Kontakt mit der Erde wird es dir möglich, die Lebensquelle dieser Energie zwischen dir und deinen Vorfahren wieder in dich aufzunehmen.

»Voller Dankbarkeit verneige ich mich …« Beginne damit, dass du die Glocke zum Klingen einlädst. Erklingt sie, berühre du die Erde. Praktizierst du mit anderen zusammen, kann eine Person die Meditation verlesen, während die anderen sich niederwerfen. Denke daran, dass die Worte nur einen Weg zeigen. Du kannst auch Worte wählen, die zu deiner eigenen Situation passen. »Ich sehe meine Mutter und meinen Vater …« Visualisiere deine Mutter und deinen Vater ganz deutlich, während du die Erde berührst, nicht nur als bloße Bilder oder vage Vorstellungen. Du bist die Fortführung deiner Eltern. Du *bist* deine Eltern. Deshalb ist es sinnlos, auf deinen Vater oder deine Mutter wütend zu sein. »Durch sie sehe ich meine vier Großeltern …«– während du dich niederwirfst und die Erde berührst, siehst du Mutter und Vater und durch sie deine Großeltern mütterlicher- und väterlicherseits. Du kannst dabei auch Fotos deiner Großeltern und Urgroßeltern benutzen; sie können dir helfen, dir diese Menschen vorzustellen. Lächle, wenn du diese Fotos betrachtest. Wenn du verstehst, dass deine Großeltern und Urgroßeltern in dir weiterleben, dann gibt dir das ein tiefes und heilendes Gefühl der Verbundenheit und Kommunikation.

Die erste Erdberührung kann zu einem wichtigen Heilmittel werden für diejenigen, die auf ihre Eltern oder die vorige Generation in ihrer Familie wütend sind. Du findest in dieser Niederwerfungsübung alles, was du brauchst. In dir trägst du das Leben, das Blut, die Erfahrung, Weisheit und das Glück und auch die Sorgen all deiner Vorfahren. Du hast ihre gute Gesundheit und Vitalität. Wenn dein Großvater neunzig Jahre alt geworden ist, kannst auch du so alt werden. Warum nicht seinem Beispiel folgen? Es macht keinen Sinn, wenn du sagst, du stirbst vermutlich jung. Wenn du dich niederwirfst und die Erde berührst, sprich zu deinem Großvater: »Großvater, bitte hilf mir, auch so ein langes und gesundes Leben zu führen wie du.« Wenn du dich mit deinen Ahnen verbindest, setzt du einen großen Vorrat an Energie frei. Du erkennst, wie sie lächeln und ein einfaches gesundes Leben führen. Ihre Qualitäten sind auch in dir, und es ist an dir, sie hervorzubringen.

Wenn du dir das Leid und den Schmerz deiner Vorfahren anschaust, dann weißt du, dass dieses Leid auch in dir vorhanden ist. Dank der Unterstützung deiner spirituellen Familie hast du jedoch gelernt, den Schmerz deiner Eltern, Großeltern und Ahnen zu transformieren. Wenn sie nicht in der Lage waren, bestimmte Dinge zu erreichen, so können du und deine Kinder jetzt die tiefe Bereitschaft bekunden, diese Dinge zu erfüllen. Wenn du dein eigenes Leid verwandelst, wenn du deinen eigenen Traum erfüllst, dann beendest du auch das Leid deiner Vorfahren und deiner Nachkommen und erfüllst deren Traum. Du meditierst also für alle vorangegangenen und alle künftigen Generationen.

Wenn du dich niederwirfst und die Erde berührst, dann berührst du all die Energien der Einsicht, der Liebe und der Erfahrung, die deine Vorfahren auf dich übertragen haben. Du öffnest dich, und zwar nicht nur im Geiste, sondern auch mit deinem Körper, für die Samen, die schon in dir vorhanden sind, für die Energien der Liebe, des Mitgefühls, der Freude und des Gleichmuts.

»Ich erkenne meine Wurzeln in meiner Mutter, meinem Vater, meiner Großmutter und meinem Großvater und in allen meinen Vorfahren. Ich weiß, dass ich nur die Fortführung dieser Ahnenreihe bin.« Das sind nicht nur Worte, es ist die Wahrheit. Die Anteile an Festigkeit, Frieden, Freude und Vertrauen, die deine Eltern und Vorfahren in sich trugen, hast auch du in dir. Sie wurden genetisch und kulturell auf dich übertragen, gleich, ob das deinen Eltern bewusst war oder nicht. In Vietnam sagen wir: »Komm her und nimm dein Familienerbe in Empfang.« »Bitte, übertragt mir eure Energie, stärkt und bewahrt sie.« Mit diesen Worten verbinden wir eine tiefe Aussage. Du bittest darum, dieser Energien teilhaftig zu werden, aber in Wirklichkeit sind sie bereits in dir vorhanden.

»Ich weiß, dass es überall, wo es Kinder und Enkelkinder gibt, auch Vorfahren gibt.« Über die Jahrhunderte hinweg hat sich in Vietnam ein Sprichwort erhalten, das lautet: »Wo immer die Enkelkinder sind, da sind auch die Großeltern.« Wenn du in Nordamerika bist, sind auch deine Vorfahren in Nordamerika, auch wenn sie zeit ihres Lebens nie in Nordamerika waren. Sie sind auch nie gestorben. Sie leben in dir weiter. Wenn du lachst, lachen auch sie; wann immer du weinst, so weinen sie. Wenn du hasst, hassen sie; gibst du auf, geben auch sie auf. Das ist die Weisheit des Buddha.

»Ich weiß, dass Eltern ihre Kinder und Enkelkinder lieben und unterstützen, auch wenn sie aufgrund ihrer eigenen Schwierigkeiten nicht immer den richtigen Ausdruck für ihre Liebe finden.« Es gibt Menschen, die wütend sind auf ihre Eltern, weil diese niemals fähig waren, ihre Liebe wirklich auf gute Weise auszudrücken. Aber dennoch war diese Liebe in ihrem Speicherbewusstsein vorhanden. Es gibt keine Eltern, die ihre Kinder nicht lieben, auch wenn sie ihre Kinder dem äußeren Anschein nach hassen, ablehnen oder sogar versuchen, sie zu töten. Die Liebe, die da verborgen ist, wird von einer Generation auf die nächste übertragen. Wenn Eltern, Großeltern und Vorfahren ihre Kinder nicht lieben und schützen, wer sollte dann dazu in der Lage sein?

Eine junge Bananenpflanze hat nur zwei Blätter. Wenn sich ein drittes Blatt entwickelt, nährt das erste Blatt das dritte. Die ersten beiden Blätter haben die Luft aufgesogen und den Sonnenschein absorbiert, damit sie nun dem dritten Blatt helfen können, sich zu entfalten und zu wachsen. Wenn das vierte Blatt erscheint, hat sich das dritte Blatt mit den ersten beiden vereint, um das vierte Blatt zu nähren. Das setzt sich so fort, bis die Bananenstaude groß geworden ist. Inzwischen haben die ersten Blätter angefangen zu welken, aber ihre Energie ist in all den Blättern, die später wuchsen, gespeichert. Betrachtest du eins der neu gewachsenen Blätter in aller Tiefe, so siehst du in ihm die Anwesenheit der ehemaligen Blätter und erkennst, dass sie nie wirklich verschwunden sind. Betrachtest du dich selbst ganz eingehend, so erkennst du all die Energie deiner Eltern, Großeltern und Vorfahren in dir. Wenn sich diese Energie nicht in dir angespeichert hat, wo soll sie sonst hingegangen sein? Darauf zu beharren, dass wir die Eltern hassen und ablehnen, ist ein nutzloses Unterfangen. Vielleicht befanden sich deine Eltern in sehr schwierigen Lebensumständen, und sie ließen alles an dir aus – indem sie dich anschrien, verurteilten, ablehnten und dich sehr unglücklich machten. Aber selbst dann kannst du nicht sagen, du seist nicht eine Fortführung ihrer selbst oder du habest von ihnen keinerlei Nahrung und Schutz erfahren.

Menschen, die auf ihre Eltern ärgerlich sind, müssen das eingehend und sorgfältig betrachten. Die Menschen im Westen sind so lange einen extrem individualistischen Weg gegangen, dass viele von ihnen sich von ihren Eltern, Vorfahren und ihrer Gesellschaft entfernt haben. »Ich erkenne, dass meine Vorfahren sich um eine Lebensweise bemüht haben, die auf Dankbarkeit, Freude, Vertrauen, Respekt und liebevoller Anteilnahme gründete.« Schau ganz tief, um die Bemühungen unzähliger vergangener Generationen zu erkennen. Wir stehen auf dieser Erde, wir atmen, wir sehen Bäume und Blumen. Während wir dies tun, sehen wir auch alle vorangegangenen Generationen. Es gibt keine Möglichkeit, sich von ihnen abzutrennen. Es ist eine Illusion zu glauben, wir seien allein und isoliert, und aus dieser Illusion erwächst viel Leid. »Als Nachkomme dieser Vorfahren verbeuge ich mich tief und lasse ihre Energie mich durchströmen. Ich bitte meine Vorfahren um Unterstützung, Schutz und Kraft.« An dieser Stelle wird die Glocke eingeladen zu erklingen, und wir erheben uns.

Während der ersten Erdberührung hast du die Möglichkeit, mit allen deinen Vorfahren wieder Kontakt aufzunehmen. Wenn du auch nur eine Woche lang in dieser Weise praktizierst, wirst du dich bereits voller Lebendigkeit fühlen, und das Gefühl, allein oder verlassen zu sein, wird schwinden. Du beginnst, Liebe zu deinem Vater und deiner Mutter zu verspüren, vielleicht zum ersten Mal. Und du beginnst, dich selbst zu lieben und zu akzeptieren.

Stehe fünf bis sechs Atemzüge lang still nach der ersten Niederwerfung, bevor du mit der zweiten Übung beginnst. Dann berühre die Erde aufs Neue und rezitiere dabei Folgendes:

Die zweite Erdberührung

Voller Dankbarkeit berühre ich die Erde vor allen Generationen meiner spirituellen Familie.
Ich erkenne in mir meinen Lehrer, denjenigen, der mir den Weg der Liebe und des Verstehens gezeigt hat, den Weg, achtsam zu atmen und zu lächeln, zu vergeben und ganz im Hier und Jetzt zu leben. Ich erkenne durch meinen Lehrer und meine Lehrerin alle Lehrerinnen und Lehrer, die zu meiner Entwicklung beigetragen haben – alle spirituell Lehrenden über viele Generationen hinweg – zum Beispiel den Buddha, Jesus und viele andere. Die Energie vieler Generationen von Lehrerinnen und Lehrern hat mich erfasst und sorgt für Frieden und Freude, Verständnis und liebevolle Güte in mir. Ich weiß, dass die Energie der spirituellen Vorfahren die Welt tiefgreifend verwandelt hat. Ohne den Buddha, Jesus, alle spirituellen Vorfahren würde ich nichts von der Praxis wissen, durch die ich Frieden, Freude und Glück in mein Leben und in das Leben meiner Familie und der Gesellschaft bringen kann. Ich öffne mein Herz und meinen Körper, um die Kraft des Verstehens und der liebevollen

Güte der erwachten Lehrerinnen und Lehrer zu empfangen sowie ihren Schutz, die Lehren der Wahrheit und die Gemeinschaft der Übenden. Ich bin die Fortsetzung des erwachten Lehrers, der Wahrheitslehren und der Gemeinschaft der Übenden. Ich bitte alle meine spirituellen Vorfahren, mir ihre unerschöpfliche Quelle voll Energie, Frieden, Stabilität, Verständnis und Liebe zu übertragen. Ich will mich darin üben, das Leiden in mir und in der Welt zu verwandeln, und ich werde die Kraft meiner spirituellen Familie an zukünftige Generationen von Übenden weitergeben.

»Ich erkenne in mir meinen Lehrer, denjenigen, der mir den Weg der Liebe und des Verstehens gezeigt hat, den Weg, achtsam zu atmen und zu lächeln, zu vergeben und ganz im Hier und Jetzt zu leben.« Wenn du dich niederwirfst, die Erde berührst, siehst du deine Lehrerin oder deinen Lehrer. Du siehst ganz deutlich sein oder ihr Gesicht. Ist er oder sie bereits gestorben, dann denke daran, wenn du morgens ein Räucherstäbchen anzündest, achtsam dabei atmest und dabei ein Foto von ihm oder ihr betrachtest, dass das mehr als nur ein leeres Ritual ist. Auf dem Altar des Buddha Räucherstäbchen darzureichen – dem Altar deiner spirituellen und leiblichen Vorfahren – ist eine ganz wirklichkeitsbezogene Praxis. Dein Körper und dein Geist sind ruhig und friedvoll. Während du das Räucherstäbchen in der Hand hältst, weißt du, dass du meditierst, um mit deinen spirituellen Vorfahren in Verbindung zu treten. Wenn du in die Augen deines Lehrers oder deiner Lehrerin schaust, weißt du, dass du eine Fortsetzung deiner Lehrerin, deines Lehrers bist. Du siehst den Strom deiner spirituellen Vorfahren. Vielleicht hat dein Lehrer Fehler, aber er ist immer noch dein Lehrer, und in sich trägt er die Weisheit vieler Generationen.

Es ist gut, Bilder deiner spirituellen und / oder deiner leiblichen Vorfahren auf den Altar zu stellen. Schon das

Foto einer einzigen Person ist hilfreich – das Bild eines Menschen, der dir in diesem Leben begegnet ist und der für dich alle spirituellen Vorfahren repräsentiert. Wenn du sein Gesicht betrachtest, fallen dir viele Erinnerungen in Form von Geräuschen und Bildern ein. Gerade diese Töne und Bilder können dir helfen, dich mit deinen spirituellen Vorfahren in Verbindung zu setzen. Du kannst auch zwei oder drei Fotos auf den Altar stellen, aber zumindest eines sollte in jedem Fall dort stehen. Sei jedes Mal voller Achtsamkeit, wenn du ein Räucherstäbchen am Altar entzündest. Deine Augen schauen auf das Foto, und du lächelst deine Lehrerin, deinen Lehrer an. »Meine Lehrerin, mein Lehrer, ich zünde jetzt dieses Räucherstäbchen für dich an.«

»Ich erkenne durch meine Lehrerin, meinen Lehrer alle Lehrerinnen und Lehrer über viele Generationen hinweg.« Zunächst betrachtest du das Bild des Lehrers deines Lehrers. Kannst du deinen Lehrer sehen, erkennst du auch seinen Lehrer. Ohne seinen Lehrer könnte auch dein Lehrer nicht sein. Wenn du das Glück hattest, eine Weile in der Nähe des Lehrers deines Lehrers zu leben, dann ist diese Meditation ganz leicht. Geräusche, bildhafte Vorstellungen und Erinnerungen erleichtern das tiefe Schauen. Dann lädst du andere Lehrerinnen und Lehrer aus deiner Ahnenreihe ein, indem du sie beim Namen rufst. Wenn du bei verschiedenen ehrwürdigen spirituellen Lehrerinnen und Lehrern gelernt hast, dann hast du eine klarere Vorstellung von ihnen. Du weißt, wären sie nicht gewesen, könntest du nicht sein; ihnen verdankst du, dass du nun lernst, wie man atmet, lächelt, meditiert und das Leiden transformiert. Wenn du ihre Namen aussprichst und tief schaust, wirst du ganz natürlich mit ihnen in Kontakt kommen, und ihre Energie manifestiert sich in deinem Blut. Selbst wenn einige dieser Ehrwürdigen Fehler haben, genau wie deine Eltern und Großeltern, kannst du sie immer noch akzeptieren.

»Ich betrachte den Buddha als meinen spirituellen Lehrer und auch als meinen spirituellen Vorfahren.« Der Buddha ist dein spiritueller Vorfahre. Du kannst durchaus eine ganz intime Beziehung zum Buddha entwickeln und brauchst ihn nicht als eine ganz distanzierte, weit entfernte Gottheit oder historische Figur zu betrachten. Als menschliches Wesen bist du ein Kind des Buddha, und er hat dir durch deine Lehrerinnen und Lehrer und andere Ehrwürdige zahllose kostbare Juwelen überreicht.

Sieh ganz deutlich, dass der Buddha in dir ist. Kannst du das erkennen, empfängst du auch die Kraft, die Energie des Buddha, die Achtsamkeit heißt. Während du über den Buddha meditierst, meditierst du auch über alle seine Lehrer. Wenn auch ihr Verstehen nicht so tief war wie das des Buddha, so war der Buddha zu Beginn seiner Praxis auf ihre Anleitung und Unterstützung doch angewiesen. Auch der Buddha hatte seine Wurzeln. Auch er hatte Eltern, Großeltern und Lehrer wie wir alle. Der Buddha Nhien Dang (Kashyapa) war Lehrer des Buddha in einer vorangegangenen Inkarnation und veranlasste ihn dazu, zu praktizieren. Sudhana lernte sogar bei 53 anderen Lehrern, und darunter waren auch Lehrer anderer Religionen sowie solche, die noch recht jung waren.

»Die Energie des Buddha und vieler Generationen von Lehrerinnen und Lehrern hat mich erfasst und sorgt für Frieden und Freude, Verständnis und liebevolle Güte in mir.« Wenn du die Energie von Frieden, Freude, Verständnis und Liebe in dir trägst, so verdankst du dies deinen spirituellen Vorfahren. Hast du das erst einmal erkannt, erfüllt dich ihre Energie.

»Ich weiß, dass die Energie des Buddha die Welt tiefgreifend verwandelt hat.« Obwohl der Buddhismus erst vor relativ kurzer Zeit seinen Weg in den Westen gefunden hat, hat er doch schon große Bedeutung erlangt. Nach Vietnam gelangte der Buddhismus im zweiten Jahrhundert, und er hat das spirituelle Leben und die Kultur Vietnams sehr bereichert – das ganze Land hat dadurch einen Gewinn erfahren. Selbst Vietnamesen, die nicht dem Buddhismus anhängen, haben die Buddha-Essenz im Blut. Zwei Jahrtausende lang wurden die Menschen in Vietnam beeinflusst von der Liebe, dem Mitgefühl und dem Verstehen des Buddha. Es ist nichts Ungewöhnliches, wenn man in Vietnam eine alte Frau sieht, die liebevoll einen Baum streichelt, dessen Ast abgebrochen ist. Ihre liebevolle Berührung wird erzeugt vom Strom der Liebe und des Mitgefühls, der seit Generationen durch das vietnamesische Volk geflossen ist. Der Buddhismus zivilisierte in gewisser Hinsicht das vietnamesische Volk, was man besonders deutlich in der Ly- und der Tran-Dynastie erkennen kann – Perioden, in denen alles vom Geist des Buddhismus inspiriert wurde –, von den Herrschern bis zu den einfachen Menschen im Volke. Während der Ly-Dynastie wurde beispielsweise ein Kriegsgefangener aus Champa, der sich als buddhistischer Lehrer zu erkennen gab, in die Position eines Lehrers der Nation erhoben. Das war der Zen-Meister Thao Duong. Ein solches Ereignis dokumentiert eine sehr offene, tolerante Haltung.

»Ohne den Buddha und alle spirituellen Vorfahren würde ich nichts von der Übung wissen, durch die ich Frieden, Freude und Glück in mein Leben und in das Leben meiner Familie und der Gesellschaft bringen kann.« Während dieser Erdberührung ist es wichtig, dass wir uns mit unserer spirituellen Familie verbinden. Wir können kein Glück erfahren, wenn unsere einzige Familie die der Blutsverwandten ist. Wir alle brauchen zwei Familien: die leibliche und die spirituelle. Wenn du Schwierigkeiten mit deiner Herkunftsfamilie hast, kann dir deine spirituelle Familie helfen; wenn es Schwierigkeiten in deiner spirituellen Familie gibt, dann können dir deine Verwandten Trost schenken. Fehlt dir eine der beiden Familien, fühlst du dich wie ein Waisenkind – deshalb hat ein weiser Mensch immer beide Familien. Diejenigen von euch, die anderen Glaubens sind – praktiziert bitte die sechste Erdberührung.

Die dritte Erdberührung

Dankbar berühre ich die Erde vor diesem Land und allen seinen Vorfahren, die es bewohnbar machten. Ich sehe, dass ich heil bin, geschützt und genährt von diesem Land und allen Lebewesen, die hier gelebt haben und mit all ihrer Sorgfalt das Leben für mich hier möglich und leicht machten. Ich sehe all die Bekannten und Unbekannten, die mit ihren verschiedenen Begabungen, ihrer Ausdauer und Liebe dieses Land zu einem Ort gemacht haben, an dem Menschen verschiedenen Ursprungs jetzt leben können. Ich sehe alle, die schwer arbeiteten, um Schulen, Krankenhäuser, Brücken und Straßen zu bauen, die die Menschenwürde schützten, Wissenschaft und Technik entwickelten und für Freiheit und soziale Gerechtigkeit kämpften.

Ich fühle mich eins mit meinen Vorfahren, die mit Freude und Eintracht zu leben verstanden und die Wälder, Berge, Tiere, Pflanzen und Mineralien dieses Landes bewahrten. Ich spüre, wie die Kraft dieses Landes meinen Körper und meinen Geist durchströmt, mich stützt und annimmt. Ich verspreche, diese Kraft zu pflegen und zu erhalten und sie an kommende Generationen weiterzugeben. Ich verspreche, meinen Teil beizutragen, um Gewalt, Hass und Täuschung, die noch tief im kollektiven Bewusstsein dieser Gesellschaft sitzen, zu verwandeln, damit künftige Generationen friedlicher und in größerer Sicherheit leben können. Ich bitte dieses Land um seinen Schutz und seine Unterstützung.

In welchem Land auch immer ihr lebt, verbindet euch mit der heiligen Erde, dem Wasser und der Luft in diesem Land. Wenn ihr in Deutschland lebt, meditiert über Deutschland; seid ihr in der Schweiz, so meditiert über die Schweiz. In Frankreich meditiert über Frankreich, und in Vietnam meditiert über Vietnam. Jedes Land hat seine Geschichte des Leidens und des Erfolgs. Wo immer ihr lebt, seid in Berührung mit der Luft, den Bergen, Flüssen, Früchten, dem Gemüse und dem Getreide dieses Landes, die euch nähren und eine bedeutende Rolle in der Geschichte und Entwicklung dieses Landes gespielt haben.

»Ich sehe, dass ich heil bin, geschützt und genährt von diesem Land und allen Lebewesen, die hier gelebt haben und mit all ihrer Sorgfalt das Leben für mich hier möglich und leicht machten.« Wenn ihr in den USA lebt, könnt ihr folgende Worte sprechen: »Ich sehe mich, wie ich meine Vorfahren, die amerikanischen Ureinwohner, berühre, die so lange Zeit in diesem Land gelebt haben …« Amerikaner mögen weiß, schwarz, braun oder gelb sein, aber ihre Vorfahren schließen die Indianer mit ein, die als Erste auf dem amerikanischen Kontinent gesiedelt haben. »Ich sehe George Washington, Thomas Jefferson, Abraham Lincoln, Dorothy Day, Martin Luther King und all die anderen bekannten und unbekannten Menschen.« Dies sind wichtige Persönlichkeiten der USA, die euch vielleicht bekannt sind. Vielleicht willst du auch einzelne ganz besonders erwähnen. »Ich sehe all diejenigen, die dieses Land zu einem Zufluchtsort für Menschen so unterschiedlicher Herkunft und Hautfarbe gemacht haben …« Es gibt viele verschiedene Nationalitäten in den Vereinigten Staaten. Dort gibt es genau wie in Vietnam Minderheiten, die entscheidend zur Entwicklung des Landes beigetragen haben, die »mit ihren verschiedenen Begabungen, ihrer Ausdauer und Liebe dieses Land zu einem Ort gemacht haben, an dem Menschen verschiedenen Ursprungs jetzt leben können.« Diese Anstrengung musst du erkennen können. Wenn du zum Beispiel eine Tablette gegen Magenschmerzen schluckst, solltest du dir klarmachen, dass dieses Arzneimittel nicht einfach vom Himmel gefallen ist, sondern das Resultat von Forschungen vieler Generationen ist. Wenn du eine süße, leckere Mohrrübe isst, dann kannst du erkennen, dass auch sie das Ergebnis der Anstrengungen vieler Generationen ist. Hinter einem Brotlaib steht die Geschichte von tausend Jahren.

Wenn wir in Vietnam eine Schale Nudeln essen, dann sind wir uns bewusst, dass eine Schale Nudeln ihre eigene Geschichte hat. Die Menschen wissen keineswegs automatisch, wie man eine Schale Nudeln zubereitet und würzt. Dieses Wissen ist über viele Generationen hinweg weitergetragen worden. Jeder Kuchen, jede Speise hat eine eigene Geschichte. Das Glück unserer Vorfahren ist zu unserem eigenen Glück geworden.

In den Vereinigten Staaten ist die Urbarmachung des Bodens, der Bau von Straßen, Schulen, Krankenhäusern und anderen Dingen der enormen Anstrengung vieler Afroamerikaner zu verdanken, die als Sklaven dorthin gebracht wurden. Die Menschen, die heute in den USA leben und europäischer oder asiatischer Herkunft sind, werden, wenn sie achtsam sind, diese große Arbeitsleistung, den Schweiß und die Tränen erkennen, die Afroamerikaner beigetragen haben. Afroamerikaner sind die Vorfahren aller Amerikaner. So ist es auch in Frankreich. Frankreich gehört nicht nur den Menschen französischer Herkunft. Es gibt tatsächlich nicht einen einzigen Menschen, der rein französischer Herkunft ist, denn Frankreich besteht aus vielen nicht-französischen Elementen. Die französische Wissenschaftlerin Marie Curie kam aus Polen. Der französische Sänger Yves Montand kam aus Italien. Unsere Völker, Länder und Vorfahren bestehen aus vielen verschiedenen Rassen und Wurzeln.

Wenn du praktizierst, verbindest du dich mit all deinen Vorfahren und mit den Flüssen, Bergen, Pflanzen und Nahrungsmitteln deines Landes. Was bist du denn anderes als die Manifestation und Fortsetzung all dieser Elemente? »Ich spüre, wie die Kraft dieses Landes meinen Körper und meinen Geist durchströmt, mich stützt und annimmt. Ich verspreche, diese Kraft zu pflegen und zu erhalten und sie an kommende Generationen weiterzugeben. Ich verspreche, meinen Teil beizutragen, um Gewalt, Hass und Täuschung, die noch tief im kollektiven Bewusstsein dieser Gesellschaft verankert sind, zu verwandeln, damit künftige Generationen friedlicher und in größerer Sicherheit und Freude leben können.« Natürlich sind wir bereit, das Positive zu akzeptieren, aber wir müssen auch das Negative in unserer Gesellschaft akzeptieren, also Gewalt, Hass und Rassismus, damit wir es transformieren können. Wir müssen so leben, dass wir zur Umwandlung dieser negativen Anteile beitragen. »Ich bitte dieses Land um seinen Schutz und seine Unterstützung.«

Die vierte Erdberührung

In Dankbarkeit und Mitgefühl berühre ich die Erde und übertrage meine Kraft auf jene, die ich liebe. Alle Kraft und Energie, die ich erhalten habe, möchte ich nun meiner Mutter, meinem Vater, allen, die ich liebe, und allen, die meinetwegen litten und sich sorgten, weitergeben. Ich weiß, dass ich in meinem Alltagsleben nicht achtsam genug gewesen bin. Ich weiß auch, dass die, die mich lieben, mit ihren eigenen Schwierigkeiten zu kämpfen haben. Sie haben darunter gelitten, dass sie nicht das Glück hatten, in einem Umfeld zu leben, das sie zu ihrer vollen Entwicklung ermutigte. Ich lasse meine Energie meiner Mutter zufließen und meinem Vater, meinen Brüdern und Schwestern, Freundinnen und Freunden, meinem Gatten, meiner Frau, meiner Tochter, meinem Sohn, damit ihr Kummer Linderung findet, damit sie lächeln können und Freude am Leben verspüren. Ich möchte, dass sie alle glücklich und gesund sind. Ich weiß, dass ich auch glücklich bin, wenn sie es sind. Ich empfinde keinem dieser Menschen gegenüber mehr irgendwelchen Ärger. Ich bitte darum, dass alle Vorfahren meiner Blutsfamilie und meiner spirituellen Familie ihre Energien auf jede und jeden richten, um sie alle zu beschützen. Ich weiß, dass ich nicht von ihnen getrennt bin. Ich bin eins mit allen, die ich liebe.

Wir alle haben Menschen in unserem Leben, die wir besonders lieben – Vater, Mutter, Bruder, Schwester, Sohn, Tochter, Onkel, Tante, Nichte, Neffe, besonders gute Freundinnen oder Freunde. Wir möchten, dass diese Menschen gesund sind und glücklich. Die vierte Erdberührung praktizieren wir, um denjenigen, die wir lieben, unsere Kraft zu übertragen. Wenn du die Erde berührst, meditierst du auf folgende Weise: »Alle Kraft, alle Energie, die ich empfangen habe, möchte ich nun meiner Mutter, meinem Vater, allen, die ich liebe, … weitergeben.« Selbst wenn Vater und Mutter schon tot sind, kannst du die Energie auf sie übertragen, denn Vater und Mutter sind zumindest noch immer ein Teil von dir. Rezitiere den Namen jedes einzelnen Menschen aus deiner leiblichen und deiner spirituellen Familie, den du liebst. Dabei musst du das Gesicht der Person wirklich ganz genau vor dir sehen, nicht nur als flüchtige Vorstellung. Und fasse sie auch nicht in einen allgemeinen Satz zusammen, wie etwa »all die, die ich liebe«. Nenne jede Person beim Namen – mein Bruder Richard Warren, meine Schwester Leslie Barton. Ein Mönch oder eine Nonne kann sagen: »Für meinen Lehrer, die Lehrerin meines Lehrers, für meine ältere Schwester im Dharma, meinen jüngeren Bruder im Dharma, für all die, die mit mir in meiner Sangha praktizieren; sie alle sollen Frieden, Freude und Glück genießen. Für all diejenigen, denen ich im Alltag begegne, die, die Schwierigkeiten haben, und die, die keine haben – mögen sie alle glücklich sein.«

»Ich lasse meine Energie meiner Mutter zufließen, meinem Vater, meinen Brüdern und meinen Schwestern, meinen Freundinnen und Freunden, meinem Gatten, meiner Frau, meiner Tochter, meinem Sohn, damit ihr Kummer Linderung findet, damit sie lächeln können und Freude am Leben verspüren.« Du möchtest, dass sie alle glücklich sind, auch wenn sie dir in der Vergangenheit Traurigkeit oder Ärger bereitet haben. Sie sind diejenigen, die du liebst, und es ist dein innigster Wunsch, dass sie glücklich sind.

»Ich bitte darum, dass alle Vorfahren meiner Blutsfamilie und meiner spirituellen Familie ihre Energien auf jede und jeden richten, um sie alle zu beschützen. Ich weiß, dass ich nicht von ihnen getrennt bin. Ich bin eins mit allen, die ich liebe.« Wenn du die Erde berührst und diese Meditation praktizierst, erkennst du, dass das Glück der Menschen, die du liebst, dein eigenes Glück ist, und alle falschen Abgrenzungen verschwinden. Dies ist eine Liebesmeditation. Sie ist ganz einfach, denn das Objekt der Meditation sind die Menschen, die du liebst.

Die fünfte Erdberührung

Mit Verständnis und Mitgefühl berühre ich die Erde, um mich mit all denen zu versöhnen, die mir Leid zugefügt haben. Ich öffne mein Herz und sende die Kraft meiner Liebe und meines Verstehens all jenen, die mir Leid zugefügt haben, all jenen, die vieles in meinem Leben und im Leben meiner Lieben zerstört haben. Ich weiß heute, dass diese Menschen selbst viel Leid erfahren haben und dass ihre Herzen voller Schmerz, Wut und Hass sind. Jeder, der gelitten hat wie sie, wird sein Leiden an seine Umgebung weitergeben und andere leiden lassen. Ich weiß, dass sie kein Glück hatten und vielleicht niemals wirklich geliebt und umsorgt worden sind. Das Leben und die Gesellschaft haben ihnen auf vielerlei Weise zugesetzt. Sie wurden ungerecht behandelt und missbraucht. Niemand hat sie gelehrt, achtsam zu leben. So haben sie viele falsche Vorstellungen über das Leben entwickelt. Ich bitte die Vorfahren meiner Blutsfamilie und meiner spirituellen Familie inständig, die Kraft der Liebe und des Schutzes zu diesen Menschen zu schicken, die uns Leid zugefügt haben, damit ihre Herzen fähig werden, wie Blumen den Nektar der Liebe zu empfangen und zu voller Blüte zu gelangen. Ich bitte, dass sie Lebensfreude empfinden mögen, damit sie es nicht mehr nötig haben, sich selbst und andere unglücklich zu machen. Ich sehe ihr Leid und möchte nicht, dass es immer so weitergeht. Ich möchte keinerlei Gefühle des Hasses und des Zorns gegen diese Menschen mehr hegen. Ich richte meine Liebe und mein Verstehen auf sie und bitte alle meine Vorfahren, ihnen zu helfen. (Glocke)

Diese Meditation befasst sich mit der fünften Kategorie (der bereits erwähnten fünf Kategorien) von Menschen – Menschen, die du hasst. Wenn du die Erde berührst, meditiere folgendermaßen: »Ich öffne mein Herz und sende die Kraft meiner Liebe und meines Verstehens all jenen, die mir Leid zugefügt haben …« Nenne ihre Namen und behalte ein deutliches Bild ihrer Gesichter vor deinem geistigen Auge. Schau dir ihr Leid und ihre Wut an. »Ich weiß heute, dass diese Menschen selbst viel Leid erfahren haben …« Dies ist die Natur tiefen Schauens. Meditiere mit dem Ziel, die Wurzeln des Ärgers und des Schmerzes in jeder Person zu erkennen, die du nicht magst. Verstehen ist der Schlüssel zum Herzen, und deshalb ist diese Meditation so bedeutend. Du musst in der Lage sein zu erkennen, wie die Person, die dich hat leiden lassen, selbst gelitten hat und weiter leidet. Du musst erkennen, was sie in diese Situation gebracht hat. Menschen, die leiden, lassen andere um sich herum auch leiden. »Ich weiß, dass sie kein Glück hatten und vielleicht niemals wirklich geliebt und umsorgt worden sind.« Solche Menschen haben von Kindheit an gelitten. Sie sind ungerecht behandelt und missbraucht worden. Wenn du das erst einmal siehst, wird sich dein Herz öffnen.

»Niemand hat sie gelehrt, achtsam zu leben. So haben sie viele falsche Vorstellungen über das Leben, über mich und über uns entwickelt. Sie haben uns und den Menschen, die wir lieben, unrecht getan.« Hat ein Mensch falsche Vorstellungen, dann leidet er und verursacht auch bei den Menschen in seiner Umgebung Leid – selbst bei denen, die er liebt. »Ich bitte die Vorfahren meiner Blutsfamilie und meiner spirituellen Familie inständig, die Kraft der Liebe und des Schutzes zu diesen Menschen zu schicken, die uns Leid verursacht haben, damit ihre Herzen fähig werden, wie Blumen den Nektar der Liebe zu empfangen und zu voller Blüte zu gelangen.« Dies ersehnst du wirklich von ganzem Herzen und hegst keinerlei Wünsche oder Gelüste, diese Person leiden zu sehen. Denn leidet dieser Mensch, leidest auch du. »Ich bitte, dass sie Lebensfreude empfinden mögen, damit sie es nicht mehr nötig haben, sich selbst und andere unglücklich zu machen.« Du verstehst nun, dass die andere Person niemals Selbstkontrolle erlernt hat und deshalb dich und die, die du liebst, hat leiden lassen.

Du bittest darum, dass all die, die deiner Familie und deinem Land Leid gebracht haben, einschließlich der Mörder, Profitgierigen, Lügner und Gewaltherrscher, durch die Verdienste des Buddha, der Bodhisattvas und der Vorfahren verwandelt werden mögen. Du erkennst, wie ihr Leiden über viele Generationen hinweg weitergetragen wurde, und du möchtest nicht an Hass und Ablehnung festhalten. Du möchtest nicht, dass sie noch weiter leiden müssen. Die Wurzeln, die du von deinen leiblichen und deinen spirituellen Vorfahren erhalten hast, lassen dich wie eine Blume erblühen, und du bittest darum, dass du jegliches Gefühl von Hass und Abneigung fahren lassen kannst. Du bittest darum, dass jeder Mensch, der dir, deiner Familie oder deinem Volk Leid angetan hat, nun von aller Gefahr und Pein erlöst werden und das Leben freudig, voller Glanz, Glück, Friede und Freude erleben möge. Du richtest deine Energie der Liebe und des Verstehens auf diese Person oder die Personen. Dabei bittest du den Buddha, die Bodhisattvas und die Vorfahren, ihnen dabei zu helfen.

Wenn du wirklich das Leid, die Schwierigkeiten und falschen Vorstellungen eines Menschen, der dir Leid zugefügt hat, erkennen kannst, dann bist du auch in der Lage, ihn zu lieben und ihm zu verzeihen. In diesem Augenblick durchströmt die Energie der Liebe und des Mitgefühls dein Gemüt. Dein Herz fühlt sich erfrischt und besänftigt, und du bist die erste Person, die aus dem Frieden und der Freude Nutzen zieht. Später wird die Art, wie du dein tägliches Leben lebst, den anderen Menschen verwandeln. Das ist die Praxis der vier unermesslichen Geisteshaltungen – Liebe, Mitgefühl, Freude und Gleichmut.

Liebe den Menschen, den du als deinen Feind betrachtest, so wie dich selbst. Wenn du ihn lieben kannst, gibt es diesen Feind nicht länger, sondern nur noch einen Menschen, den du liebst. Wirkliche Buddhisten kennen nur Menschen, die sie lieben. Es gibt keine Feinde. »Liebe deinen Feind wie dich selbst« ist eine Zeile aus einem Gedicht mit dem Titel »Eine Blume erblüht auf dem Pfad unserer Heimat«, das Pham The My während des Vietnamkriegs schrieb. Es gibt einen wunderbaren Brauch in Vietnam: Wenn in einer Schlacht der feindliche General getötet wurde, so wurde ein Altar zu seinen Ehren errichtet. Auf diese Weise sollte gesagt werden: »Obwohl wir es nicht wollten, haben wir dich gezwungenermaßen getötet. Jetzt, da du gegangen bist, widmen wir dir diesen Altar. Wir wissen, dass du den Befehlen deines eigenen Königs folgtest. Vielleicht wolltest du gar nicht in unser Land eindringen und uns bekämpfen, genau wie wir dich gar nicht töten wollten, aber du hattest keine Wahl.« Viele Jahrhunderte lang hielten die Vietnamesen diesen Brauch aufrecht. Daran kannst du erkennen, wie Liebe, Mitgefühl, Freude und Gleichmut die Kultur Vietnams über einen langen Zeitraum durchdrungen haben. Ich bin sicher, dass es eines Tages in Vietnam Schreine zu Ehren all der amerikanischen GIs geben wird, die ihr Leben in Vietnam verloren haben. Das ist unsere Tradition.

Wenn du Erdberührung praktizierst, trittst du ein in die Meditation der Liebe, des Mitgefühls, der Freude und des Gleichmuts. Die Tiefe deiner Meditation hängt von der Stärke deiner Sammlung und deiner Fähigkeit ab, tief zu schauen. Erdberührung muss eine wirkliche Praxis sein, keine Buße und auch kein bloßer Akt der Vorstellung. Wenn dein Körper die Erde berührt, lösen sich die Grenzen deines Selbst auf, und du trittst in Verbindung mit deinen leiblichen, spirituellen und historischen Vorfahren. Du berührst die, die du liebst, und du vergibst denen, die dir Leid gebracht haben. Natürlich wirst du dadurch gesünder, leichter und reicher. Erdberührung trägt in sich die Kraft, zu heilen, zu stärken und glücklich zu machen. Liebe sollten wir nicht nur während der Sitzmeditation, Gehmeditation und der Erdberührung praktizieren. Liebe müssen wir vierundzwanzig Stunden am Tag praktizieren, auf keinen Fall weniger. Wir müssen lernen, ein Mensch zu werden, der zu jeder Stunde des Tages in Liebe, Mitgefühl, Freude und Gleichmut verweilt.

Die sechste Erdberührung

Voller Dankbarkeit und Mitgefühl verneige ich mich tief vor meinen alten spirituellen Wurzeln. Ich sehe mich, wie ich als Kind in der Kirche oder in der Synagoge sitze und auf die Predigt oder die Zeremonie warte – Jom Kippur, die heilige Kommunion … Ich sehe meinen Priester, meine Pastorin, den Geistlichen, den Rabbiner und die Menschen in der Gemeinde. Ich erinnere mich daran, wie schwierig ich es fand, dort zu sein und Dinge zu tun, die ich nicht verstand und die ich nicht tun wollte. Ich fand die Kommunion schwierig, und die Gottesdienste gaben mir nicht viel Freude und geistige Nahrung. Ich fühlte mich ängstlich und unruhig. Da war keine wirkliche Kommunikation zwischen meiner spirituellen Familie und mir, und so verließ ich meinen Rabbi, meine Pastorin, meine Synagoge, meine Kirche. Ich verlor den Kontakt zu meinen spirituellen Vorfahren und stand nicht mehr mit ihnen in Verbindung. Jetzt weiß ich, dass es Juwelen gibt in meiner spirituellen Tradition und dass das spirituelle Leben meiner Tradition sehr zur Stabilität, Freude und dem Frieden meiner Vorfahren über viele Generationen beigetragen hat. Ich weiß, dass die, die in meiner spirituellen Tradition praktizierten, damals nicht in der Lage waren, sie mir zu vermitteln. Deshalb möchte ich jetzt zurückkehren und die großen spirituellen Werte meiner Tradition wiederentdecken; sie soll zur Nahrung werden für mich, meine Kinder und Kindeskinder. Ich möchte wieder Kon-

takt aufnehmen zu meinen alten spirituellen Vorfahren und ihre spirituelle Energie aufs Neue in mich hineinströmen lassen. Ich betrachte Moses, Jesus und so viele andere als meine spirituellen Vorfahren. Ich erkenne Lehrerinnen und Lehrer dieser Traditionen über viele Generationen als meine spirituellen Vorfahren an, und vor ihnen allen verneige ich mich in diesem Augenblick.

Viele Menschen im Westen fühlen sich vom Buddhismus angezogen und haben ihre eigenen spirituellen Traditionen aufgegeben. Sie lehnen die Kirchen und die Geistlichkeit ab, weil sie sich eingeengt und unwohl fühlten mit den Haltungen und Praktiken, die sie dort kennengelernt hatten. Sie litten unter ihrer religiösen Tradition und suchten etwas anderes. Sie beschäftigen sich mit der buddhistischen Praxis in der Hoffnung, ihre eigene Tradition damit ersetzen zu können und mit ihr für immer zu brechen. Gemäß der buddhistischen Weisheit ist dies jedoch ein vergebliches Bemühen. Ein Mensch, der sich der eigenen Kultur und Tradition entfremdet hat, ist wie ein entwurzelter Baum. Es ist schwierig für diesen Menschen, glücklich zu sein. Die buddhistische Praxis hat wirksame Aspekte, die zur Heilung, zur Versöhnung und Verbindung mit der eigenen leiblichen und spirituellen Familie beitragen können; dabei ist es möglich, die Kostbarkeiten in der eigenen Tradition zu entdecken. Dank der Praxis stellen die Menschen fest, dass der Buddhismus und ihre eigene Tradition viele Gemeinsamkeiten haben und dass sie ihre Tradition deshalb nicht abzulehnen brauchen. Und sie erkennen, dass es auch im Buddhismus Dinge gibt, die erneuerungsbedürftig sind, genau wie in der eigenen Tradition.

Wenn es der eigenen spirituellen oder leiblichen Familie an Lebendigkeit mangelt, dann ist eine Verwandlung nicht möglich. Das ist wie bei einem Baum, dessen Äste teilweise gestutzt werden müssen, weil er sonst umzustürzen droht. Auch eine spirituelle Tradition muss gepflegt und erneuert werden, um sie lebendig zu erhalten. Die Methoden des Buddhismus können dir dabei helfen, Dinge in deiner eigenen Tradition zu verändern. Deren schöne, großartige und kostbare Aspekte können dadurch zum Vorschein kommen. Wenn also Menschen aus anderen religiösen Traditionen entdecken, dass der Buddhismus und ihre eigene Tradition sich tatsächlich nicht widersprechen, können sie ihre Tradition bereichern und erhellen und dabei wahrhaft glücklich werden. Das gilt auch für Buddhisten. Auch sie können die schönen, großartigen und kostbaren Aspekte anderer spiritueller Traditionen wertschätzen lernen und damit den Buddhismus bereichern. In diesem Geiste wird der Buddhismus seit 2.600 Jahren praktiziert. Die Bereitschaft, sich von anderen Quellen bereichern zu lassen und sich damit zu verändern, hat es dem Buddhismus ermöglicht, sich immer wieder den wirklichen Bedürfnissen jeder Generation anzupassen.

Erdberührung ist eine Kunst. Praktiziere keineswegs in blindem Glauben. Wenn du einige Wochen praktiziert hast, halte – im Geiste oder richtig mit Papier und Bleistift – die Gedanken und Vorhaben fest, die in dir entstanden sind, und dann lasse diese Einsicht in deine Praxis mit einfließen.

nige Aspekte nahezu vollkommen, andere sind weit davon entfernt. Deshalb kann ich in Frieden und Harmonie mit all meinen Vorfahren sein, also auch mit denen, die nicht so vollkommen waren. Wieso glauben wir eigentlich, das Recht zu haben, von unseren Vorfahren Vollkommenheit zu erwarten? Auch wir haben Schwächen. Wenn wir die Unvollkommenheiten in uns selbst erkennen und akzeptieren, können wir dies auch leicht bei unseren Vorfahren, ja, auch bei unseren Eltern tun. In dem Augenblick, in dem wir sie akzeptieren, empfinden wir tiefen Frieden und Versöhnung, und wir sehen uns selbst als einen Teil des Lebensstroms.

Genauso verfahren wir mit unserer leiblichen Familie. Nenne deinen Großvater oder jemanden aus der vorigen Generation beim Namen. Nenne deinen Vater, deine Mutter, deine Tante, deinen Onkel. Einige von ihnen sind nahezu vollkommen, andere sind weit davon entfernt. Einige haben dich sehr glücklich gemacht, andere haben dir viel Leid bereitet. Sie alle aber kannst du als deine Vorfahren akzeptieren. Ich weiß wohl, dass einige von euch überhaupt nichts mit ihren Eltern und Vorfahren zu tun haben wollen, weil sie ihnen gegenüber so viel Hass und Wut verspüren. Sie wollen in Ruhe gelassen werden und nichts mit ihnen zu tun haben. Aber das ist unmöglich. Wenn du tief in dich hineinschaust, stellst du fest, dass du eine Fortsetzung ihrer selbst bist, also auch der Dinge, die beinahe vollkommen sind, und der Dinge, die weit davon entfernt sind. Du hast keine gesonderte Identität. Du bist Teil des Lebensstroms. Das ist die Praxis des Interseins, des Miteinander-verbunden-Seins, des Nicht-Selbst. Wir werfen uns nicht als Bittsteller nieder, die ein höheres Wesen um einen Gefallen bitten. Wir berühren die Erde, um zur Einsicht in dieses Verbundensein zu gelangen, zur Einsicht, dass wir eine Fortführung unserer Vorfahren sind.

Nachdem wir tief in unsere geistigen Vorfahren, unsere

Schülerinnen und Schüler und unsere leiblichen Ahnen hineingeschaut haben, stellen wir uns jetzt deutlich unsere eigenen Kinder vor. Wir haben Kinder, die wir gern mögen, die schon beinahe perfekt sind. Und wir haben Kinder, die große Probleme haben, die alles andere als perfekt sind, die uns leiden lassen. Wer sind wir, dass wir diese Kinder nicht akzeptieren, so wie sie sind? Wenn wir sie alle als unsere Kinder annehmen, dann ist tiefer Friede in uns. Ich habe keine leiblichen Kinder, aber ich habe viele spirituelle Kinder. Wenn ich mich zur Erde niederbeuge, stelle ich sie mir alle vor.

Ohne Wurzeln können wir nicht glücklich sein. Unsere Praxis muss uns zu unseren Wurzeln zurückbringen. So viele Menschen sind heutzutage ihrer Kultur, ihrer Tradition entfremdet, und sie leiden darunter. Ich lege euch dringend nahe, zurückzukehren, euch neu in eurer Kultur und eurer Tradition zu verwurzeln, indem ihr die Einsicht in das allseitige Verbundensein nutzt, um die Energie von Weisheit und Mitgefühl in euch zu schaffen.

Die zweite Niederwerfung

Ich berühre die Erde und verbinde mich mit allen Menschen und allen Arten von Lebewesen, die in diesem Augenblick auf dieser Welt mit mir zusammen lebendig sind. Ich fühle mich eins mit dem wundervollen Muster des Lebens, das ausstrahlt in alle Richtungen. Ich erkenne die enge Verbundenheit zwischen mir und anderen, sehe, wie wir gemeinsam Glück und Leid teilen. Ich bin eins mit denen, die behindert zur Welt gekommen sind oder die im Krieg, durch Unfall oder Krankheit eine Behinderung erlitten haben. Ich bin eins mit denen, die durch Krieg oder Unterdrückung in eine Zwangslage geraten sind. Ich bin eins mit denen, die in ihrem Familienleben unglücklich sind, die ohne Wurzeln sind und keinen Frieden im Geist finden, mit denen, die nach Verständnis und Liebe hungern, die nach etwas Schönem, Heilem und Wahrem suchen, das sie umarmen und an das sie glauben können. Ich bin jemand, der dem Tode nahe und voller Angst ist, der nicht weiß, was geschehen wird. Ich bin ein Kind, das an einem Ort lebt, wo größte Armut, Elend und Krankheit zu Hause sind, dessen Beine und Arme dürr wie Stöckchen sind und das keine Zukunft vor sich hat. Ich bin auch der Bombenfabrikant, der Bomben in die armen Länder verkauft. Ich bin der Frosch, der im Teich schwimmt, und auch die Schlange, die sich vom Körper des Frosches ernähren muss. Ich bin die Raupe oder die Ameise, nach der der Vogel Ausschau hält, um sie zu fressen; aber ich bin auch der Vogel, der nach Raupe und Ameise Ausschau hält. Ich bin der Wald, der gefällt wird. Ich bin der Fluss und die Luft, die verschmutzt werden, und ich bin auch der Mensch, der den Wald abholzt und die Flüsse und die Luft verschmutzt. Ich erkenne mich in allen Arten von Wesen, und ich erkenne alle Arten von Wesen in mir.

Ich bin eins mit allen Wesen, die heute leben – mit diesen großartigen Wesen, die die Wahrheit von Nicht-Geburt und Nicht-Tod verwirklicht haben und fähig sind, mit ruhigem Blick auf die Formen von Geburt, Tod, Freude und Leiden zu schauen; die inneren Frieden besitzen, Liebe und Verstehen und die all das berühren können, was heilt, nährt und erfrischt; auch sind sie in der Lage, alles in die Arme zu schließen und in der Welt so zu handeln, dass sie Liebe und Fürsorge verströmen. Aber ich bin auch eins mit den Wesen, die leiden, weil körperlicher oder seelischer Schmerz sie peinigt: Ich bin jemand, der genügend Frieden, Freude und Freiheit besitzt, um anderen Lebewesen Freude und Furchtlosigkeit zu schenken. Ich erkenne, dass ich keineswegs von anderen abgeschnitten bin. Die Liebe und Glückseligkeit der großartigen Wesen auf diesem Planeten hält mich davon ab, in Verzweiflung zu versinken; sie hilft mir, mein Leben in sinnvoller Weise zu leben, in wahrhaftigem Frieden und Glück. Sie alle sehe ich in mir, und ich erkenne mich selbst in ihnen allen. Die zweite Niederwerfung stellt eine waagerechte Linie dar, das Hier und Jetzt. Berühren wir die Erde in dieser Haltung, berühren wir alle Lebewesen, die in diesem Moment mit uns sind. Wir wissen, dass wir Teil des Lebens sind und dass das Leben keine Begrenzungen hat.

Das folgende Gedicht schrieb ich 1978, als ich versuchte, den Boat People im südchinesischen Meer zu helfen:

Bitte nenne mich bei meinen wahren Namen

Sage nicht, dass ich morgen fortgehe –
denn ich komme doch heute gerade erst an.

Betrachte es ganz tief: Jede Sekunde komme ich an –
sei es als Knospe an einem Frühlingszweig
oder als winziger Vogel mit noch zarten Flügeln,
der im neuen Nest erst singen lernt;
ich komme als Raupe im Herzen der Blume
oder als ein Juwel, verborgen im Stein.

Ich komme stets gerade erst an, um zu lachen und zu weinen,
mich zu fürchten und zu hoffen.
Der Schlag meines Herzens ist Geburt und Tod
von allem, was lebt.
Ich bin die Eintagsfliege, die an der Wasseroberfläche

des Flusses schlüpft.
Und ich bin auch der Vogel,
der herabstürzt, um sie zu schnappen.

Ich bin der Frosch, der vergnüglich
im klaren Wasser eines Teiches schwimmt.
Und ich bin die Ringelnatter, die in der Stille
den Frosch verspeist.

Ich bin das Kind aus Uganda, nur Haut und Knochen,
mit Beinchen so dünn wie Bambusstöcke;
und ich bin der Waffenhändler,
der todbringende Waffen
nach Uganda verkauft.

Ich bin das zwölfjährige Mädchen,
Flüchtling in einem kleinen Boot,
das von Piraten vergewaltigt wurde
und nur noch den Tod im Ozean sucht;
und ich bin auch der Pirat –
mein Herz ist noch nicht fähig, zu erkennen und zu lieben.

Ich bin ein Mitglied des Politbüros
mit reichlich Macht in meinen Händen;
und ich bin der Mann, der seine »Blutschuld«
an sein Volk zu zahlen hat
und langsam in einem Arbeitslager stirbt.

Meine Freude ist wie der Frühling, so warm,
dass sie Blumen auf der ganzen Erde erblühen lässt.
Mein Schmerz ist wie ein Tränenstrom, so mächtig,
dass er alle vier Meere auffüllt.
Bitte nenne mich bei meinen wahren Namen,

damit ich all mein Weinen und Lachen
zugleich hören kann,
damit ich sehe,
dass meine Freude und mein Schmerz eins sind.

Bitte nenne mich bei meinen wahren Namen,
damit ich erwache,
damit das Tor meines Herzens
von nun an offen steht –
das Tor des Mitgefühls.[28]

Wir sind all diese Menschen, aber wir ertrinken nicht im Ozean des Leidens, weil es möglich ist, Menschen zu berühren, die Frieden in sich tragen, die denen, die leiden, Linderung und Trost geben können. Sind wir wirklich achtsam, können wir diese wahren Bodhisattvas berühren. Einige von ihnen sind berühmt, aber sehr viele wirken in der Stille, sie tun alles, um zu helfen. Sie bestehen aus Liebe, Mitgefühl, Festigkeit und Freiheit.

Wenn ich mich zur Erde niederbeuge, sehe ich mich selbst in all denen, die leiden, hier wie auch in der Dritten Welt. Ich erkenne mich als ein Kind in Uganda, das nichts zu essen hat. Ich sehe ein kleines Kind, das im Müllhaufen gräbt auf der Suche nach etwas Essbarem. Ich sehe Männer und Frauen in Foltergefängnissen, weil sie gegen die Missachtung der Menschenrechte protestiert haben. Ich sehe mich als jungen Menschen, der in Alkohol- und Drogensucht verstrickt ist, und als jemanden, der Aids hat und kaum Hoffnung auf Heilung. Ich sehe mich als jungen Fanatiker in einer pseudoreligiösen Sekte, der aus Wut und Frustration kriminelle Gewalttaten begeht. Ich sehe mich

28 Thich Nhat Hanh, *Nenne mich bei meinen wahren Namen.* Ausgewählte Gedichte, München 2010, S. 62 ff.

als einen Frosch, der vergnügt im Teich schwimmt und plötzlich von einer Schlange verschlungen wird. Als Kaninchen renne ich um mein Leben, von einem Panther verfolgt. Ich leide während dieser Visualisierungen, aber gleichzeitig erwächst tiefes Mitgefühl in mir.

Dann visualisiere ich mich als einen Menschen mit großem Herzen, einen Bodhisattva mit großer Liebe und großem Mitgefühl, der arbeitet, um anderen zu helfen. Ich sehe zahllose Bodhisattvas zusammen arbeiten; sie singen, während sie versuchen, das Leid von den Menschen und anderen Wesen auf dieser Erde zu nehmen. Ich habe teil an ihrer Freude, ihrem Frieden, ihrer Standhaftigkeit; und deshalb werde ich auch nicht von Gefühlen der Verzweiflung oder Hilflosigkeit überwältigt.

So kannst du fünf Minuten und mehr damit verbringen, die Erde zu berühren und dir all diese wundervollen Wesen vorzustellen und zu berühren, die in diesem Augenblick mit uns zusammen sind. Wir reichen einander die Hand und stehen fest da, um unsere Festigkeit und unsere Freiheit zu erhalten zum Wohl der ganzen Welt. In der Zeit, in der wir die Erde berühren, sind wir uns der Präsenz dieser weltweiten Sangha bewusst, und von ihr erhalten wir Stärke und Kraft. Indem wir die Namen aller Wesen in dieser Sangha aussprechen oder sie uns bildlich vorstellen, können wir die Natur unseres Miteinander-verbunden-Seins betrachten. Während wir sie weiterhin tief berühren, sind wir in der Lage, uns mit *allen* Wesen zu identifizieren, in Zeit (erste Niederwerfung) und Raum (zweite Niederwerfung). Wenn uns das gelingt, haben wir bereits mit der dritten Niederwerfung begonnen.

Die dritte Niederwerfung

Ich berühre die Erde und lasse die Vorstellung los, ich sei dieser Körper und meine Lebensspanne sei begrenzt. Ich erkenne, dass dieser Körper, der aus den vier Elementen besteht, nicht wirklich ich ist, und dass ich nicht durch diesen Körper begrenzt bin. Ich bin Teil eines Lebensstroms von spirituellen und leiblichen Vorfahren, der bereits seit Tausenden von Jahren in die Gegenwart fließt und für weitere Tausende von Jahren in die Zukunft fließen wird. Ich bin eins mit meinen Vorfahren, ich bin eins mit allen Menschen und allen Arten von Wesen, gleich, ob sie friedlich und furchtlos oder voller Leid und Angst sind. In diesem Augenblick bin ich überall auf der ganzen Welt anwesend, ich bin auch in der Vergangenheit und in der Zukunft anwesend. Die Loslösung vom Körper berührt mich nicht, geradeso, wie das Herabfallen einer Pflaumenblüte nicht das Ende des Pflaumenbaums bedeutet. Ich sehe mich als Welle auf der Oberfläche des Ozeans, meine Natur ist das Wasser des Ozeans. Ich erkenne mich wieder in allen anderen Wellen, und ich sehe all die anderen Wellen in mir. Das Erscheinen und Verschwinden der Form der Wellen macht dem Ozean nichts aus. Mein Dharmakörper und mein Weisheitsleben sind nicht Geburt und Tod unterworfen. Ich erkenne, dass ich bereits da war, bevor mein Körper sich manifestierte, und dass ich noch da sein werde, nachdem mein Körper sich aufgelöst hat. Selbst in diesem Augenblick erkenne ich, dass ich woanders existiere als nur in diesem Körper. Siebzig oder achtzig Jahre sind nicht meine Lebensspanne. Meine Lebensspanne, wie auch die Lebensspanne eines Blattes oder eines Buddha, ist unbegrenzt. Ich habe die Vorstellung hinter mir gelassen, dass ich ein Körper bin, der in Raum und Zeit losgelöst ist von allen anderen Formen des Lebens.

Die dritte Niederwerfung stellt einen Kreis dar, der die senkrechte und die waagerechte Linie der ersten beiden Niederwerfungen umschließt. Diese Niederwerfung entspricht der Praxis des *Diamant-Sutra;* durch sie können wir unsere Vorstellung aufgeben, der Körper sei ich und diese Lebensspanne sei meine Lebensspanne. Die erste Vorstellung, die es aufzugeben gilt, ist die, dass ich nur aus diesem Körper bestehe, und wenn der Körper nicht da ist, ich auch nicht da bin. Viele Male wiederholte der Buddha diese Lehre: »Diese Augen sind nicht ich. Ich bin nicht gefangen in diesen Augen. Ich bin unbegrenztes Leben. Ich wurde nie geboren. Ich werde nie sterben.« Also lächelt bitte. Nehmt meine Hand. Wir werden stets zusammen sein, in der einen oder anderen Form. Das ist die Einsicht in das Intersein, das Miteinander-verbunden-Sein; die Einsicht in Nicht-Geburt und Nicht-Tod, die du erlangst, wenn du praktizierst, den Buddha zu berühren. Das ist die größte Erleichterung. Wenn wir die dritte Niederwerfung praktizieren, berühren wir tief die Welt von Nicht-Geburt und Nicht-Tod, die Welt von Nirvana im Hier und Jetzt, das Reich Gottes. »Dieser Körper, das bin nicht ich. Ich bin nicht in diesem Körper gefangen. Ich bin unbegrenztes Leben.« Ich bin nicht gefangen in den Vorstellungen von Sein und Nicht-Sein, Geburt und Tod. Ich erkenne mich zur Gänze in allen Vorfahren und allen meinen Kindern wieder, ebenso in den Bäumen und Blumen, die hier vor mir stehen.

Eines Tages stand ich vor einem Baum und atmete voller Achtsamkeit, und plötzlich erkannte ich, dass der Baum es mir ermöglichte zu atmen. Der Baum und ich profitieren wechselseitig voneinander, und durch meine Achtsamkeit bin ich in der Lage, den Baum zu schützen. Gemeinsam gehören wir zum Strom des Lebens. Wir sind miteinander verbunden. In mir ist der Baum, und ich bin in dem Baum. Wenn du die dritte Niederwerfung praktizierst, erkennst du, dass du weitaus mehr bist als nur dein Körper, deine Gefühle, deine Vorstellungen, deine Geistesformationen und dein Bewusstsein. Du bist Leben ohne Grenzen.

Ob dir die Praxis der dritten Niederwerfung gelingt, hängt davon ab, wie du die erste und die zweite Niederwerfung praktizierst. Während der ersten Niederwerfung stellst du fest, dass du dich, zusammen mit deinen Vorfahren, deinen Kindern und Kindeskindern, in einem Seinsstrom befindest. Eines Morgens stand ich mit meinem Freund Arnie Kotler im Garten der Diamant-Sangha auf der Hawaii-Insel Maui, wo ich ihm einen Bananenhain zeigte. Ich deutete auf eine Bananenstaude und erklärte Arnie, dass diese Pflanze, nachdem sie eine Blüte und etliche Bananen hervorgebracht habe, abgeschlagen würde, um Platz zu schaffen für eine neue Bananenstaude. Arnie stimmte das traurig; er dachte, wenn die Bananenpflanze abgeschlagen würde, wäre das ihr Ende. Ich lächelte daraufhin und erzählte ihm, dass er keineswegs mehr traurig wäre, wenn ich ihm sagen würde, was sich unten im Erdboden täte. Unterhalb der Erdoberfläche gibt es nämlich einen Ballen an Bananenstauden-Wurzeln, der alle Pflanzen vereint. Schlägt man eine Pflanze ab, so nur, um für eine andere Raum zu schaffen. Die Bananenstauden sind eins; sie existieren nicht unabhängig voneinander. Auf genau die gleiche Weise sind du und dein Vater, du und deine Mutter Teil derselben Wirklichkeit. Du hast kein abgetrenntes Selbst. Sie sind in dir, und du bist in ihnen. Dies erkennst du schon bei der ersten Niederwerfung und transzendierst die Vorstellung von einem abgetrennten Selbst. Gelingt dir dies bei der ersten Niederwerfung, so ist es einfach, die Vorstellung aufzugeben, dieser Körper seist du.

Während der zweiten Niederwerfung stellst du dir vor, du seist das Kind in Uganda, der Frosch, den die Ringelnatter verschlingt, und der oder die Bodhisattva, wie er oder sie singt und den Menschen dient. Gelingt dir diese Praxis, dann ist es viel leichter für dich, die Vorstellung loszulassen, du seist dein Körper. Dein Selbst ist viel umfassender. Wenn ich die dritte Niederwerfung praktiziere, löse ich mich endgültig von der Vorstellung, dass dieser Körper ich sei und dass diese siebzig Jahre meine Lebensspanne seien. Die Praxis des *Diamant-Sutra* beinhaltet, sich von den Vorstellungen über diese vier Aspekte zu lösen: Selbst, Person, Lebewesen und Lebensspanne.

Wenn du dich darin übst, tief in das sogenannte Selbst zu schauen, entdeckst du, dass es nur aus Nicht-Selbst-Elementen besteht. Eine Blume besteht nur aus Nicht-Blume-Elementen – einem Samen, einer Wolke, der Sonne, Mineralien und vielen anderen Nicht-Blume-Elementen. Wenn du all diese Nicht-Blume-Elemente zu ihren Quellen zurückführst, gibt es die Blume nicht mehr. So betrachtet, können wir sagen, dass ein Selbst nur aus Nicht-Selbst-Elementen besteht.

Die zweite Vorstellung, die es aufzugeben gilt, ist die von einer Person als einer eigenständigen Wesenheit. Wir menschlichen Wesen können gar nicht sein ohne nicht-menschliche Elemente wie Tiere, Pflanzen und Mineralien. Zerstören wir die Tiere, Pflanzen und Mineralien, so zerstören wir auch uns als menschliche Wesen. Das *Diamant-Sutra* ist der älteste Text, der uns lehrt, dass wir unsere Umwelt schützen müssen, denn es erklärt, dass Menschen aus Nicht-Mensch-Elementen bestehen. Zerstören wir die Nicht-Mensch-Elemente, zerstören wir die Menschen. Es muss also nicht nur die Vorstellung von einem Selbst als einer getrennten Wesenheit beseitigt werden, sondern auch die vom Menschen als einer unabhängigen Wesenheit.

Die dritte Vorstellung, die es aufzulösen gilt, ist die von beseelten Lebewesen. Wenn wir tief schauen, stellen wir fest, dass sie alle aus sogenannten unbeseelten Stoffen bestehen wie Mineralien und Wasser. Wenn wir die Rechte von Nicht-Lebewesen respektieren, dann respektieren wir auch die der Lebewesen.

Die letzte Vorstellung, die wir aufgeben müssen, ist die von einer Lebensspanne. Wir glauben, dass wir bei der Geburt zu existieren beginnen und dass wir aufhören zu sein, wenn wir sterben. Wenn du aber tiefes Schauen praktizierst, stellst du fest, dass du unendliches Leben hast, so wie ein Buddha. Das ist die Lehre des *Diamant-Sutra*. Wir müssen lernen, diese Lehren in unserem Alltag in die Praxis umzusetzen. Wenn du täglich die dritte Niederwerfung praktizierst, wird es dir möglich sein, die Vorstellungen von Geburt und Tod, Selbst und Lebensspanne aufzugeben, und du fürchtest dich nicht mehr vor dem Tod. Vielleicht kommt es dir vor, als sei die dritte Niederwerfung schwieriger zu praktizieren als die erste und die zweite, aber wenn du mit den ersten beiden Niederwerfungen gut zurechtkommst, wird dir auch die dritte nicht schwerfallen. Mithilfe der dritten Niederwerfung können wir uns von den Vorstellungen über Leben und Tod und damit von der Angst vor dem Tod befreien. Dann wirst du zu einer großen Hilfe für sterbende Menschen. Du kannst in ihnen Vertrauen, Zuversicht und Frieden bewirken. Wenn du Erdberührung praktizierst, bist du überall; du bist nicht gebunden an Geburt und Tod, Sein und Nicht-Sein. Der große vietnamesische Buddhist aus dem dritten Jahrhundert, Meister Tang Hoi, hat sehr deutlich gemacht, dass die Übungen zum achtsamen Atmen, die uns der Buddha gegeben hat, sehr hilfreich sind, Vorstellungen wie »Ich bin dieser Körper« oder »Mein Leben wird begrenzt durch diesen Zeitraum« aufzugeben. Wenn du die Wirklichkeit von Nicht-Geburt und Nicht-Tod berührst, transzendierst du die Idee, du seist dieser Körper und du seist diese Zeitspanne.

Die drei Niederwerfungen praktiziere ich jeden Abend vor der Sitzmeditation. Ich zünde ein Räucherstäbchen an und beobachte gern, wie der Rauch emporsteigt. Dann führe ich die drei Niederwerfungen durch. Das dauert ungefähr zehn Minuten. Danach gehe ich zum Bild meiner hundert Angelinas, verbeuge mich vor ihnen und setze mich zur Sitzmeditation nieder. Die Praxis der drei Niederwerfungen kann Angst und Zorn beseitigen, kann die Gesundheit verbessern und dich mit deinen Vorfahren und deinen Kindern aussöhnen. Ich kann diese Praxis sehr empfehlen. Nach ein, zwei Monaten wird sie dir viel Nutzen bringen. Gestalte diese Praxis angenehm für dich, damit du jeden Tag an ihr Freude hast.

Die drei Niederwerfungen sind eine Praxis der Einsicht. Wir transzendieren unser persönliches Selbst und erkennen, was mit »Nicht-Selbst« gemeint ist, nämlich, dass wir tatsächlich unsere Vorfahren und Nachfahren *sind*. Benutze am Anfang den obigen Text für die drei Niederwerfungen, aber nach einiger Zeit kannst du ihn wegwerfen und dir eine eigene Version schaffen.

Drei Jahre noch, und wir erreichen den Berg des 21. Jahrhunderts. Ich bin schon im fortgeschrittenen Alter, und ich weiß nicht, ob ich noch an den Fuß des Berges gelangen werde. Aber jeden Tag denke ich an meine Nachkommen, die diesen Berg erklimmen werden. Im Jahr 2050 ist Bruder Phâp Canh 74 Jahre alt. Wenn er hoch oben auf dem Berggipfel steht, was wird er da erblicken? Er wird hinunterschauen und die Sangha gemeinsam hinaufsteigen sehen. Wir können den Berg des 21. Jahrhunderts nicht als Individuen erklimmen. Unsere Praxis liegt darin, es gemeinsam zu tun.

Mein Lehrer hieß Thanh Quy. Er starb 1968, nach der Têt-Offensive. Aber er ist heute hier. Er schickte mich auf den Pfad mit all seiner Liebe und Fürsorge. Jetzt trage ich ihn, und ich übergebe ihn euch, damit ihr ihn mit euch weitertragen könnt. Wenn nicht durch meinen Lehrer, wie könnte ich sonst hier sein? Wir sind nur ein Strom, »Leben« genannt. Der Sangha-Körper des Buddha ist über 2.500 Jahre alt. Wir sind vielleicht noch jung, aber wir sind auch sehr alt. Unsere Sangha gibt es inzwischen überall auf der Welt, überall gibt es einige Menschen, die sich zusammengeschlossen haben, um eine Gemeinschaft zu bilden. Jeder Teil der Sangha nährt sich durch unterschiedliche Methoden und Lehren, aber dennoch sind wir in jeder dieser Sanghas gegenwärtig, und auch unsere Nachfahren werden es sein. Unser Lächeln ist auch das Lächeln anderer. Unser Leid ist das Leid anderer. Dies zu erkennen ist die Verwirklichung von Nicht-Selbst. Diese Einsicht benötigen wir, um entschlossene Schritte auf dem Pfad des Lebens zu tun.

Wenn du glaubst, du seist allein, so ist das eine Illusion. Du kannst die Elemente des Glücks berühren, die bereits hier sind, und im gegenwärtigen Augenblick Frieden erfahren. Es hängt von deiner Weise ab, die Dinge zu betrachten. Bitte erlerne und übe die Kunst des achtsamen Lebens, die Kunst, glücklich zu sein und anderen Glück zu schenken. Das ist die Liebesmeditation. Sie bedeutet, tief im gegenwärtigen Moment zu leben. Wir verlassen uns auf dich.